女子が一生食べていける仕事選び

上田晶美

草思社

はじめに

私はとにかく、女子の後輩の皆さんの仕事のことが心配でなりません！

私は日本初のキャリアコンサルタントとして1993年より約30年間、約2万人の方の就職や転職など仕事にまつわる相談に乗ってきました。さらには、新卒者の就活や比較的若手の方向けの講演活動にもかなり力を入れて行ってきました。にもかかわらず、この30年、なかなか働き方が進歩しないことに今、焦りを感じています。相変わらず、女子に不利な労働市場。なんとかならないものでしょうか？

ところが、私が教鞭を執っている女子大学の学生に聞いてみると、「私はとくに女子だからと差別されたことはない」と9割が言うのです。ええー！　それは本当でしょうか？

日本の教育制度は世界に誇れる水準で、ほぼ男女平等になっています。ですが、その先、就職となると大きなギャップが生まれてきます。急に梯子を外された感覚で、うん十年前の就活生だった私は、まるで崖の下につき落とされたような気持ちでした。だまされた！と思いました。

私のキャリアコンサルタントの原点は自分の就活、そこにあります。なんとか同じ女子の皆さんが路頭に迷わないようにしてあげたい。もちろん理想を言えば、男女とも幸せに働ける社会にしたい。ですが地域のボランティアで「こども食堂」の手伝いをしていると、困窮家庭のほぼ9割がシングルマザーの家庭です。シングルファーザーは食べていけるのに、シングルマザーは親子ともども、困窮しているのです。

それが7人に1人の子どもが貧困という日本の現状です。

皆さんにいきなり離婚問題について語っても、ひびかないかもしれませんが、女性が男性に比べて貧困に陥りやすいという、まぎれもない事実は、仕事について考える前にきちんと知っておかなければなりません。

不当な男女の賃金格差、待遇格差、勤続年数格差。どうにかならないものでしょうか！

私は政治家ではないので、法改正などには携われません。キャリアコンサルタントとしてできるのは、こうして、女子の皆さんに働き方で損をしないようにお伝えすることのみです。

女子の皆さん！　**会社は辞めてもいいけれど、仕事を辞めないで！**　辞めてもまた働きましょう。少しブランクがあってもいいのです。でも仕事は一生のことと考えてほしいのです。

「男子一生の仕事」という言葉があります。男子たるものの仕事への覚悟について諭す言葉でしょう。若干時代遅れな表現ですね。

今や女子も同じです。**「女子一生の仕事」**です。転職してもいい、回り道をしたっていい。働くことの楽しさを知って、輝いてほしいのです。

仕事の悩みというのは成人したら、つねについて回ります。今の日本では男女とも、健康な人であれば働かないという選択肢は思いつかないくらいです。生命の維持には衣食住が必要で、それを手に入れるための経済活動は不可欠ですからね。つまり働くことは生きることに大きくかかわってきます。

だからといって収入が得られればどんな仕事でもいいとは言えません。誰しも安全・快適に働き、その働きに見合うだけの適切な収入を得たい。

それにプラスして自分のやり甲斐に通じることならなおさらいいし、それで社会に貢献できていると感じられればさらにうれしい。それらは決して欲張りな欲求ではなく、今の日本のとくに若手の人手不足を考えると、皆が望んでおかしくないものです。

人生で仕事についてまったく悩まない時期はないと言っても過言ではないでしょう。とりわけ、就職、転職、再就職など大きな節目のときは大いに悩み、神経をすり減らします。どういう道に進むべきなのか、希望に沿って働くにはどの選択が良いのか。考えてもキリがなく思えて、最後はエイヤと決断する。そんな経験は誰にもあると思います。

とくに人生100年時代と言われる今は、誰もが一生に一度は転職する時代となりました。70歳、80歳まで一つの会社にいられる人は経営者以外にいないからです。

そうです！　今や「国民全員転職時代」に突入しているのです！

働くことは生きること。生きることは働くことになりつつあります。

この本には女子の皆さんの仕事選びに今すぐ役に立つことに加え、今後の人生において仕事選びの際にはつねに頭においてもらえると良いと思うことを書いていきます。

私が約30年間、日本初のキャリアコンサルタントとして活動して出会ってきた約2万人の方の相談実績から紡ぎ出したノウハウのエッセンスをお伝えします。皆さんの仕事探しとキャリア形成について、短期的にも長期的にも役立てていただければと思います。

『女子が一生食べていける仕事選び』——目次

第1章

仕事探しの前に考えておくべきこと

第2章

幸せの土台は「安定収入」でつくられる

第3章

うまくいく転職の「方程式」

第4章 「やりたい仕事」を探すためのワーク

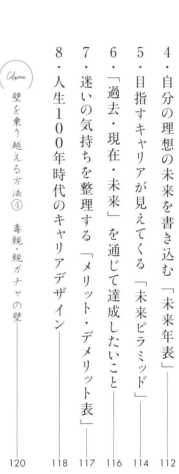

第5章

未来に有望な仕事と資格

第6章 書類でのアピール法

第7章

面接でのアピール法

第1章

仕事探しの前に考えておくべきこと

1・誰もが転職する時代

仕事についてモヤモヤを感じている皆さん！　将来について、モヤモヤを感じている人も多いのではないでしょうか？　このままでいいのか？　ちゃんとした仕事に就いたほうがいいのでは？　この業界はこの先大丈夫なのか？　等々。今現在の短期的な悩みとともに、人生全体というと大げさですが、数十年単位で考える長期的な視点から不安を感じている人もいるでしょう。

長期的な視点といっても遠い先々のことは考えづらい面もあります。コロナ禍のような災いは誰にも予測できなかったし、時代の大きな流れはとらえつつも、今ある情報の中でベターな選択をすることしかできませんよね。

ここで、少し長いスパンで将来を考えてみましょうか。

人生100年時代という言葉をよく耳にしませんか？

これは2016年に出版された本『ライフ・シフト　100年時代の人生戦略』（東洋経

済新報社）から巻き起こった社会現象とも言えるものです。その本では、２０００年代に生まれた人たちは平均寿命が１００歳以上になる。その高齢化社会の最先端が日本であると書かれています。

現在、日本の各企業は定年を60歳から65歳に延長しています。一方で60代の人に聞くと「まだまだ働きたい」「70歳までは働きたい」、それどころか「死ぬまで働きたい」という答えが返ってきます。老後のお金が不安という問題もありますが、今のシニア層（もしかしたら皆さん方の親御さんの世代かもしれませんね）には、いつまでも働くことで収入を得るだけでなく、健康を維持し、孤独にならないようにしたいという希望を持っている方が多いのです。つまり、今まで60歳まで40年働けばいいと思っていたところが、50年、60年近く働くのが当たり前の人生になってきました。

どうですか？　正直、ちょっとうんざりしましたか？

私がここで言いたいのは、だから将来のことを考えなさ

図１　人生80年から100年へ

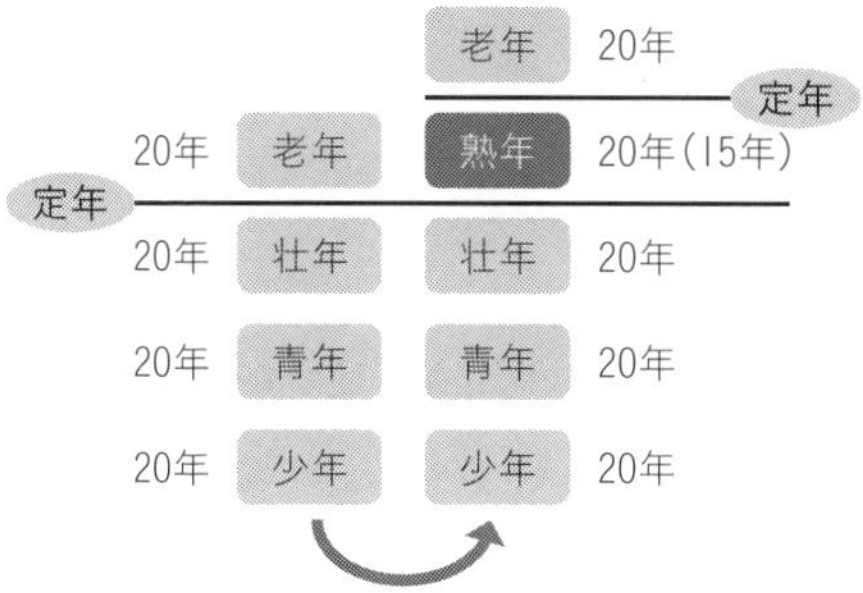

い、ということではなく、一社に定年までずっといて、それで終わりという人はいなくなるということです。誰もが必ず一度は転職します。一度と言わず、長い人生では何度も転機は訪れるでしょうし、寄り道しながらでも、細く長く働く人生だということですね。

2・ライフステージに左右されない仕事を

長期的な視点で仕事を考えるとき、私たち女性の念頭に浮かぶのが、ライフステージの変化についてです。

ライフステージとは、

独身時代

結婚後

出産後

などを指します。

独身時代の働き方と結婚後の働き方、または出産して育児をしながらの働き方にはおのずと違いがあります。

そのライフステージの変化の節目をライフイベントと呼びます。

クリスマスパーティなどの季節のイベントではなく、もっと大きな人生の節目の出来事です。この世に誕生し、学校に上がり、進学し、卒業し、就職。そこから転職もあり、結婚もあり、と続きますね。

ここで今の全国平均のイベント年齢をお知らせしておきます。

初婚年齢	女性29.5歳	男性31.0歳
第一子の出生時の母の平均年齢	30.9歳	
生涯未婚率（2020年）	女性17.8%（6人に1人未婚）	男性28.3%（4人に1人未婚）

厚生労働省・人口動態調査
令和3年（2022年発表）

これはあくまで平均であり、もちろんこれより早くても遅くても、または結婚というイベントがなくても問題ありません。また、この初婚年齢には地域による差異もあります。

地方に行くと結婚年齢が比較的若くなり、都市部ほど高くなり、晩婚化の傾向が進んでいます。

ある30代後半の独身女性Iさんは名古屋の出身で、東京で就職していたところ、転勤で名古屋に戻ってきたら、近所の人から「離婚して出戻ってきたらしい」などとうわさされたと呆れていました。名古屋を悪く言うつもりはないのですが、名古屋ほどの都会でも、地域によっては、女性は結婚するのが当たり前で、しかも離婚については、「出戻り」なんていう言葉も残っているということに唖然としたということです。

私は結婚観を押し付けるつもりは毛頭ありません。結婚はしてもしなくても個人の自由です。ただ、そのイベントの考え方には少し注意が必要です。

結婚や出産というイベントがなかった場合のことをノンイベントと言います。現在では、結婚するのが当たり前と思って仕事選びをする、または結婚したら当然出産すると思って仕事を辞めるというような人は少なくなりました。

ですが、大学生に聞くとまだまだ、

「結婚したら仕事は辞めたい」という女子も多いものです。

Tさん（48歳）は短大を出て、一般事務の仕事に就きました。そのうち結婚したら専業主婦になり、自分の親と同じように子育てをして、少し育児が落ち着いたら、パートでもしようと考えていたら、結婚せずに40代になった。会社が不況になったときにリストラされて退社。人材派遣で働くようになって8年。派遣になってからは3年ごとに仕事を替わらなくてはならず、つねに不安定な気持ちだということです。

ノンイベントの人生を考えておくのは転ばぬ先の杖として有効です。

結婚してもしなくても安定して生きていける仕事、

子どもを産んでも産まなくても、続けていける仕事。

仕事は絶対続けなくてはならないとは言いません。

結婚で夫に伴って外国に行くこともあるでしょうし、子どもを持ったら就労が困難になることもあるでしょう。

それはそのときに働き方を考えればいいのであって、すべてを予測はできません。まずはノンイベントの人生における仕事を組み立てておく。もしもイベントがあったらそのときに考える。無責任なようですが、そのほうが現実的だと思います。

現在失業中の人は、この際だから、長期的な視点も持った上で、次の仕事を考えてみませんか？

なぜなら、転職の際は経験値というものが大きなアドバンテージになるため、同業界内で転職ということが増えてくるからです。また同業界と言わないまでも、今のスキルを活かして、次の仕事を探すのがセオリーです。その前に資格を取る必要があるかもしれない。そうなると長期的な計画があったほうが戦略的で、無駄がないように思えます。

男女雇用機会均等法という法律ができても、いくら育児休業が整備されて、保育園全入時代が来ても、女性の場合は、自分だけの人生、自分だけの仕事を考えられないことが多い。家庭を持つとその責任の大きさは男女ともにあるはずなのに、働き方を変えるのは多くの場合女性のほうになります。

3・あなたはどのコース？女子の人生5つのコース

結婚などのイベントを考えると、女性の人生というのは、おおむね次ページの5つのコースで考えられます。

この5つのコースの分類は厚生労働省によるもの。そして、時代とともにこれがどう変化するかという統計を取っています。

図2　女性の人生、5つのコース

1. 専業主婦コース＝結婚し子どもを持ち、結婚あるいは出産の機会に退職し、その後は仕事を持たない
2. 再就職コース＝結婚し子どもを持つが、結婚あるいは出産の機会にいったん退職し、子育て後に再び仕事を持つ
3. 両立コース＝結婚し子どもを持つが、仕事も一生続ける
4. DINKSコース＝結婚するが子どもは持たず、仕事を一生続ける
5. 非婚就業コース＝結婚せず、仕事を一生続ける

出所：厚生労働白書

この女性のライフコースと統計について、私が担当する女子大学の学生に授業で話したところ、ある学生がこう言ってきました。

「先生、私は自分の人生をこんなたった5つのコースにあてはめられたくありません」と。

もちろんこの統計にあてはまらない人もいます。離婚のことは入っていませんし、かなり大まかな統計上のくくりになりますから。

確かに、大まかなくくりと言ってもこの5つのコースしかないと言われたら少ない気もします。自分の未来が、窮屈なものに思え、夢も希望もない感じを受けてしまうかもしれません。

図3　女性の予定ライフコース／男性がパートナーに望むライフコース

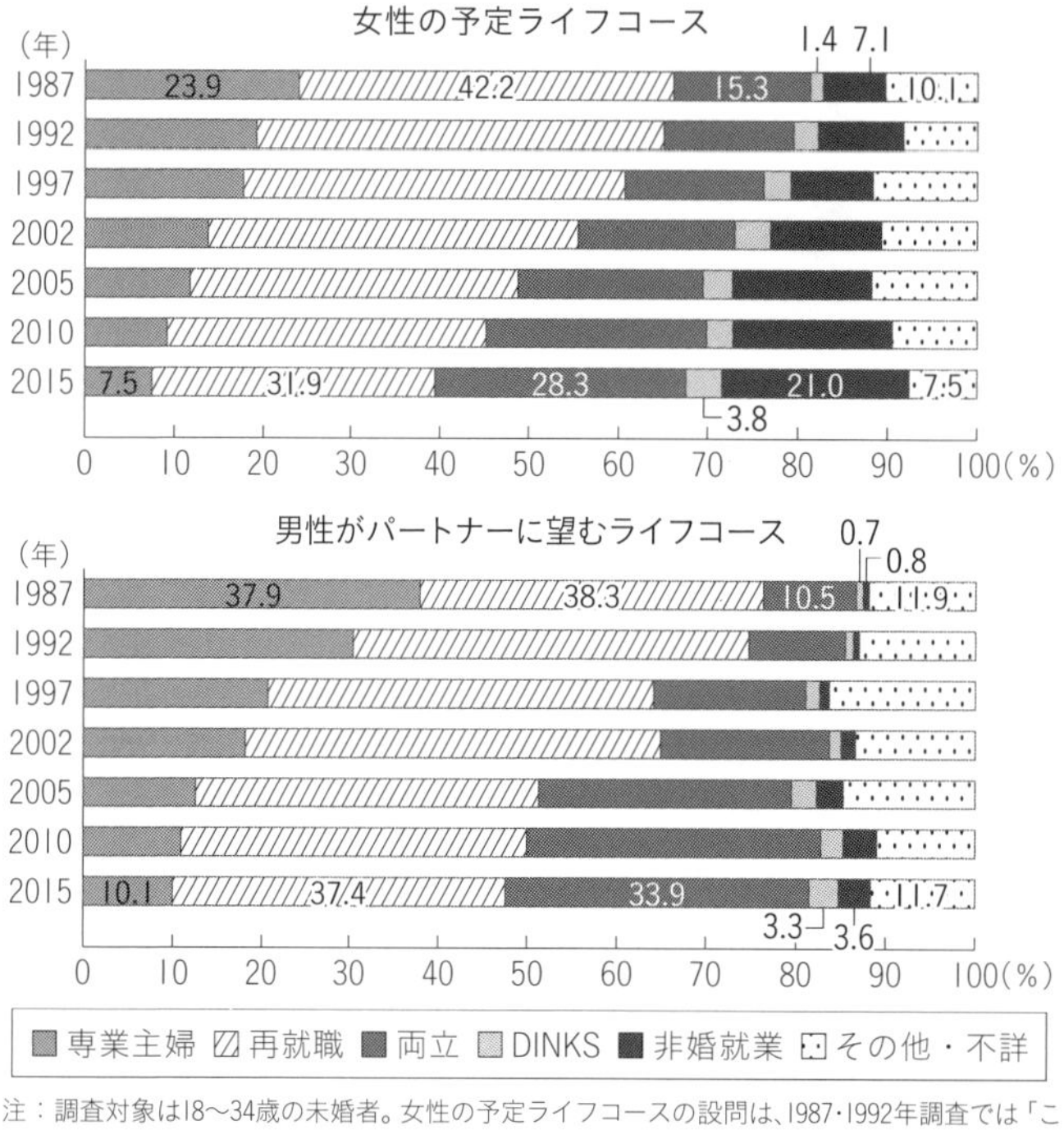

注：調査対象は18〜34歳の未婚者。女性の予定ライフコースの設問は、1987・1992年調査では「これまでを振り返った上で、実際になりそうなあなたの人生はどのようなタイプですか」、2002〜2015年調査では「理想は理想として、実際になりそうなあなたの人生はどのタイプですか」である。男性がパートナー（女性）に望むライフコースの設問は、1987〜2002年調査では「女性にはどのようなタイプの人生を送ってほしいと思いますか」、2005〜2015年調査では「パートナー（あるいは妻）となる女性にはどのようなタイプの人生を送ってほしいと思いますか」である。それぞれのライフコースについては、次のとおりの説明を付している。「専業主婦コース＝結婚し子どもを持ち、結婚あるいは出産の機会に退職し、その後は仕事を持たない」「再就職コース＝結婚し子どもを持つが、結婚あるいは出産の機会にいったん退職し、子育て後に再び仕事を持つ」「両立コース＝結婚し子どもを持つが、仕事も一生続ける」「DINKS コース＝結婚するが子どもは持たず、仕事を一生続ける」「非婚就業コース＝結婚せず、仕事を一生続ける」

出所：国立社会保障・人口問題研究所「出生動向基本調査」

4・男性のほうが意外と選択肢は少ない？

けれども翻って男性の人生はどうでしょうか？

男性にも3、4、5のコースは考えられますが、1、2というのはかなり少数派になるのでは？　と思います。そうです！　少なくとも令和の時代になっても、男性に対する「働け」というプレッシャーは大きく、その他の選択肢はほぼないに等しいと言えます。

育児休業は男性も取るように奨励され、制度は進んできました。ですが、せいぜい1ヵ月から3ヵ月程度。まだ1年取得する人は少ない。時々、主夫という人も目にしますが、ごくまれです。

つまり男性よりも女性のほうが、むしろ選択肢は多いとも言えます。なのに窮屈と感じる。どうも自由とは思えない。いろいろな理由があると思いますが、女性の人生の自由度は低いように思われがちです。

本来、どんな人生を送るのかは、その人その人の自由のはずです。どんな人生を送ってもいい。ただ、自由な選択がしたかったら、それには一定の資金が必要になりますね。つまり働いて生活資金を手にする必要がある。

自由になるために働く。そう考えてもらってもいいかもしれません。

「女性だから」という理由で不当な低賃金で働きたくない。ましてや貧困に陥りたくない。

私たち女性の将来には不確定要素が多くて、自分の意思だけでは決められないこともある。

ですがとりあえず、この本を手にしてくれた今のあなたに必要なのは、働くことなのでしょう。自分で生活の糧を得ること。結婚や子どもはその次に考えることかもしれない。

収入があれば、自由に生きられる。それだけは言えるのではないでしょうか？

自分の人生を良くするための仕事とその選択。

ベストと言えるかどうかわからなくとも、今のところのベターな仕事の選択について、一緒に考えましょう。

5・知らないと損をする！男女の賃金格差

男女平等な世の中のはずなのに、男女雇用機会均等法だってあるのに、実際に社会に出て働いてみると、自分が女子であることに不合理を感じることがいまだによくあると聞きます。

社内で男性だけがミーティングに出ていて、女子の私は省かれていることがあった。
達成目標が男子よりも低く設定されていた。
同期の男子に「コピー取って」と指示された!!
等々です。

そしてある日、初めは同じ賃金だったはずの同期の男性社員と、いつの間にか大きく差がつけられていることに愕然としたという人は少なくありません。

自分の給与額をオープンに話す人はあまりいないかもしれませんね。とくに同じ社内においてはタブーなのだと思います。同じ社内の場合は、相手と比較しやすいため、自分よりも多くもらっている人に対して、心穏やかではいられませんから。なので知らないうちに水面下で差が開いている場合があります。

そもそも賃金とは、会社が得た利益を社員で分配しているものです。賃金は会社に即したルールを基に、配分されます。直接的な利益への貢献度、バックオフィスで支えている人の貢献度、そこに年齢に応じた手当や役職手当なども入れて案分していきます。

ではなぜ男女の賃金格差というものが存在するのでしょうか？

（1）賃金格差の理由　推論その1　総合職と一般職（事務職）

多くの会社では、総合職と地域総合職、一般職または事務職という区分が存在します。

令和3年の厚生労働省の調査発表によると、

総合職は男性中心で女性は20・2％

地域総合職（限定総合職）は女性が32・6％です。

（https://www.mhlw.go.jp/toukei/list/dl/71-r02/02.pdf）

限定総合職は総合職と違い、転勤がありません。それゆえ、賃金は8掛けです。

図4　職種別正社員・正職員の男女比率

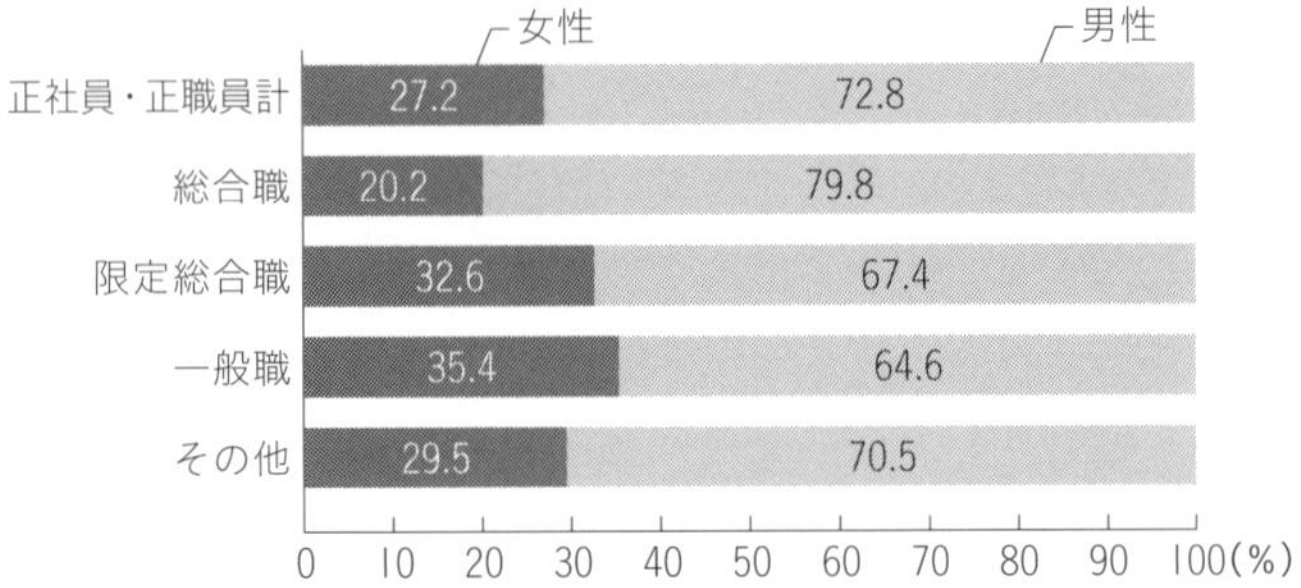

正社員・正職員に占める女性の割合は27.2％と、前回調査（令和元年度25.7％）より1.5ポイント上昇した。

出所：厚生労働省・賃金構造基本統計調査令和3年3月発表

一般職は元々のスタートから違い、総合職とは比べものになりません。多くの会社で昇級・昇格はないのが現状です。

30歳になったら、総合職の賃金は、一般職の倍額になっている会社もあります。

同一労働同一賃金の掛け声はあっても、実態はまだまだ伴いません。

新卒のときにはあまり気づかないのですが、30代になると歴然としてくるのが、この職種による格差、すなわち、男女の賃金格差です。

就職した当初は、内定がもらえてホッとして、仕事が始まると忙しさに振り回され、5年経ってみたときに、あれ？　と思う程度であっても、10年経ったら、くっきりはっきりとした差になっていきます。

では、どのくらいの賃金格差があるか、ご存じですか？

厚生労働省の発表（賃金構造基本統計調査令和3年3月発表）によりますと、賃金は男女計307・7千円、男性338・8千円、女性251・8千円となっています。男女間賃金格差（男＝100）は、74・3です。

（https://www.mhlw.go.jp/toukei/list/chinginkouzou.html）

男女間の格差は縮まってきていることは事実で、男性を100としたときの女性の割合は2001年には65・3、2011年には70・6、2019年には74・3と近づいてきていますが、まだ7割台です。

この平均の賃金が年齢とともにどんな推移を示すかというのが次のグラフ（図5、6）です。

階級というのは5年刻みのことです。

男性は55～59歳のピークまで上昇していくのに対して、女性は40歳まではじわじわと上がっていくものの、全体的に緩やかな高原状態で、ほぼ横ばいのままと言っても過言ではなく、60歳を過ぎてからの下降もあまり激しくはありません。

これは現状であって皆さんの未来がこうなるとは限りませんが。

図5　性・年齢階級別賃金の推移

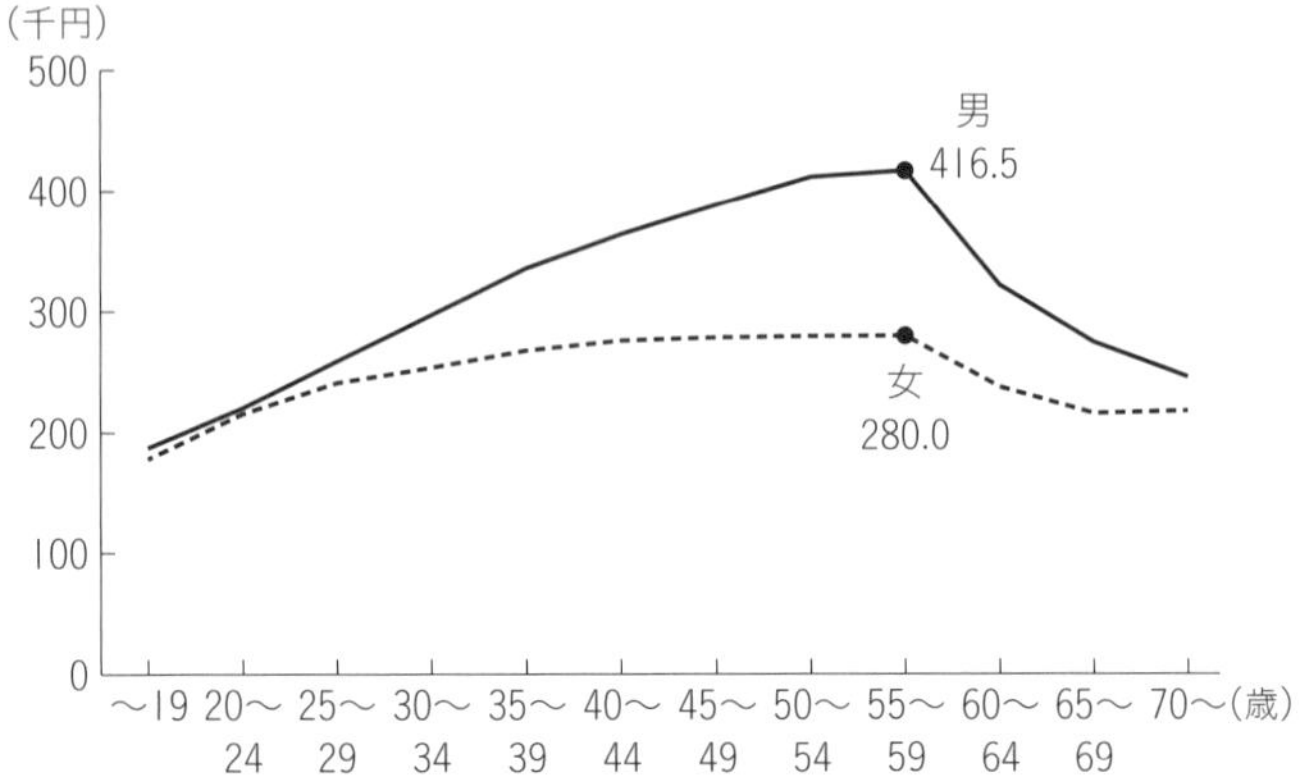

出所：厚生労働省・令和4年賃金構造基本統計調査の概況

皆さんは今、何歳ですか？　平均賃金をもらえていますか？　もちろん、これだけもらえなければダメということではなく、一つの目安です。仕事について考えるとき、誰かと比べるのはよくありませんが、最低これくらいは得られるようにという物差しにしてはいかがでしょうか？

はっきり言えるのは、**女性はどの年齢においても平均賃金が30万円を超えることはない**というのが現実です。これが女性の貧困を招いており、貧困にまではならなくとも、意欲、やる気をそいでいるとしたら？　これは由々しき問題ではないでしょうか。

これらは会社員の平均賃金ですので、この枠外の人も大勢います。独立起業したらこの限りではありませんし、副業があれば、超える人も出てきます。

また、この調査では男性に比べて、女性のほうが学歴による賃金格差が小さいという結果も出ています。企業規模によって、つまり大企業でも中小企業でも女性はあまり差がないことなどがわかります。男性は高学歴にこだわり、また大企業を選ぶほうが、報酬の面では大きなアドバンテージが見込めるという仕組みです。これも過去、現在のことであり、未来も必ずしもそうであるとは言い切れません。

とりあえず、女子の皆さんは、賃金において学歴の差は小さく、また企業規模にもあまり関係がないというのが現状です。ならば何があるのか？　賃金を上げるにはどうしたらいいのか？　または賃金にこだわらずに他の指標を大切にして働いていくのがいいのか？

一緒に考えていきましょう。

とはいえ、不当な低賃金は看過できません。

（2）賃金格差の理由　推論その2　昇進が遅い

総合職と一般職の違いが引き起こす、昇進のあるなし。賃金格差にはこれが大きくかか

対前年増減率（%）	年齢階級間賃金格差（20～24歳＝100）	女 賃金（千円）	対前年増減率（%）	年齢階級間賃金格差（20～24歳＝100）
1.4	155.1	**258.9**	2.1	119.7
1.1	85.1	**178.4**	0.6	82.5
2.4	100.0	**216.3**	2.7	100.0
2.4	117.6	**240.8**	1.9	111.3
2.2	134.7	**254.0**	2.2	117.4
2.7	152.3	**268.2**	3.2	124.0
1.7	164.9	**275.6**	2.1	127.4
1.4	176.0	**278.5**	2.8	128.8
−0.3	186.3	**279.2**	0.5	129.1
0.7	188.9	**280.0**	2.5	129.4
1.2	145.9	**237.3**	1.2	109.7
−0.1	124.5	**216.2**	−2.7	100.0
−4.1	111.5	**217.8**	3.7	100.7
		42.3		
		9.8		

図6　性・年齢階級別平均賃金

年齢階級	男女計			男
	賃金（千円）	対前年増減率（％）	年齢階級間賃金格差（20〜24歳＝100）	賃金（千円）
年齢計	311.8	1.4	142.7	342.0
〜19歳	184.2	0.9	84.3	187.7
20〜24	218.5	2.5	100.0	220.5
25〜29	251.2	2.0	115.0	259.3
30〜34	281.0	1.9	128.6	297.0
35〜39	312.5	2.5	143.0	335.8
40〜44	333.7	1.7	152.7	363.6
45〜49	349.2	1.4	159.8	388.1
50〜54	364.7	−0.4	166.9	410.9
55〜59	370.0	1.2	169.3	416.5
60〜64	295.6	1.0	135.3	321.8
65〜69	257.6	−0.8	117.9	274.5
70〜	238.1	−2.1	109.0	245.9
年齢（歳）	43.7			44.5
勤続年数（年）	12.3			13.7

出所：厚生労働省・令和4年賃金構造基本統計調査の概況

わっていると思われます。

一般的に企業においては、昇進するごとに賃金は階段状に上がっていきます。一般職にも昇進がなくはないのですが、総合職のような昇進制度とは違います。

（3）賃金格差の理由　推論その3　正規と非正規雇用

最後に、この男女の賃金格差に大きくかかわってくるのが、正規雇用と非正規雇用の差です。

この言葉は嫌なものです。正規と非正規。何が正しいのか、正しくないのか。他の言葉で言いかえてほしいものですね。正社員を正規雇用、その他の契約、派遣、アルバイトなどの雇用期間が決まった働き方を非正規雇用と呼んでいます。統計上はこのように区別するのですが、一刻も早く変えていきたいものです。

正社員の男女比も先ほどの厚生労働省の統計に出ており、そもそも正社員に占める女性の割合は27・2％に過ぎません。女性の多くは非正規の契約、派遣、アルバイトとして働いています。そうなると時給で働くことが多くなり、賃金も低く抑えられ、上がっていくことはほぼありません。

令和２（２０２０）年における非正規雇用労働者の割合を見ると、女性は54・４％、男性は22・２％です。つまり女性においては**非正規雇用の人が半数を超えており、多数派**なのです。

非正規雇用の平均給与は厚生労働省・賃金構造基本統計２０２１／８／19発表によると、雇用形態別の賃金で、男女計では、正社員・正職員３２４・２千円（年齢42・２歳、勤続年数12・５年）に対し、正社員・正職員以外２１４・８千円（年齢48・８歳、勤続年数８・７年）となっています。男女別に見ると、男性では、正社員・正職員３５０・７千円に対し、正社員・正職員以外２４０・２千円、女性では、正社員・正職員２６９・２千円に対し、**正社員・正職員以外193・3千円。**雇用形態間賃金格差（正社員・正職員＝１００）は、男女計66・3、男性68・5、女性71・8です。男女計で見ると賃金格差が最も大きいのは、企業規模別では大企業で、主な産業別では「卸売業、小売業」となっています。

（https://www.mhlw.go.jp/toukei/list/chinginkouzou.html）

			女				
正社員・正職員以外			正社員・正職員		正社員・正職員以外		
賃金（千円）	対前年増減率[2]（%）	雇用形態間賃金格差[1]【正社員・正職員＝100】	賃金（千円）	対前年増減率[2]（%）	賃金（千円）	対前年増減率[2]（%）	雇用形態間賃金格差[1]【正社員・正職員＝100】
240.2	3.4	68.5（66.8）	269.2	0.2	193.3	2.4	71.8（70.2）
188.0	6.9	102.8（94.6）	175.8	0.6	158.4	−1.2	90.1（92.8）
187.8	1.8	86.4（85.6）	213.3	0.4	179.7	1.1	84.2（83.2）
210.0	1.7	82.0（81.8）	239.5	−0.2	196.5	3.7	82.0（79.1）
222.6	1.0	75.6（74.7）	258.1	−0.5	195.1	1.8	75.6（73.5）
235.3	5.2	70.3（67.4）	272.9	0.5	200.6	3.4	73.5（71.7）
240.6	4.7	65.5（62.8）	286.5	−0.3	196.6	0.9	68.6（67.8）
245.6	2.2	62.0（60.2）	293.9	−0.3	198.5	3.1	67.5（65.3）
242.6	1.3	56.3（55.2）	302.6	−0.9	195.6	3.1	64.6（62.2）
252.1	6.9	57.9（55.1）	303.6	1.6	190.5	3.4	62.7（61.8）
266.7	3.1	76.2（75.7）	272.0	0.7	190.0	1.3	69.9（69.0）
234.7	2.2	75.8（78.1）	257.0	0.0	180.9	1.1	70.4（69.7）
222.0	8.1	75.6（74.4）	255.5	−1.6	179.6	5.3	70.3（64.4）
51.1			40.6		46.9		
10.3			9.8		7.4		

図7　雇用形態、性、年齢階級別賃金及び雇用形態間賃金格差

年齢階級	男女計					男	
	正社員・正職員		正社員・正職員以外			正社員・正職員	
	賃金（千円）	対前年増減率[2]（%）	賃金（千円）	対前年増減率[2]（%）	雇用形態間賃金格差[1]【正社員・正職員＝100】	賃金（千円）	対前年増減率[2]（%）
年齢計	324.2	0.0	214.8	2.5	66.3（64.9）	350.7	0.3
～19歳	180.2	−0.3	174.1	3.3	96.6（93.2）	182.8	−0.7
20～24	215.4	0.1	183.4	1.4	85.1（84.2）	217.3	−0.1
25～29	249.6	0.0	202.4	2.6	81.1（79.7）	256.2	0.0
30～34	282.8	−0.6	207.2	1.3	73.3（71.9）	294.6	−0.5
35～39	316.3	−0.2	214.3	4.0	67.8（65.5）	334.7	−0.1
40～44	343.5	0.0	211.9	2.1	61.7（60.5）	367.6	0.2
45～49	365.6	−0.6	212.8	2.5	58.2（56.4）	396.3	−0.3
50～54	392.2	−0.8	209.7	2.0	53.5（51.8）	431.2	0.0
55～59	397.0	0.9	212.2	4.1	53.5（51.9）	435.3	1.4
60～64	328.0	1.9	241.2	2.6	73.5（73.2）	350.0	2.8
65～69	295.9	4.4	216.8	0.7	73.3（75.6）	309.7	6.3
70～	283.1	4.9	208.9	7.3	73.8（71.3）	293.6	7.6
年齢（歳）	42.2		48.8			42.9	
勤続年数（年）	12.5		8.7			13.8	

注1：（　）内は、令和元年の数値である。

注2：対前年増減率は、令和2年と同じ推計方法で集計した令和元年の数値を基に算出している。

出所：厚生労働省・令和2年賃金構造基本統計調査・令和3年5月14日発表・訂正版

6・他人事ではない「女性の貧困」という問題

ここで非常に怖い話なのですが、1人暮らしの女性の貧困率というのはどのくらいかご存じですか？

2020年7月発表の厚生労働省の相対的貧困率の最新値では、勤労世代（20歳から64歳）の1人暮らしの女性の**3人に1人が貧困**です。その上の年代（65歳以上）の高齢期の1人暮らしの女性の貧困率は、46・2％です。実に**2人に1人が貧困**なのです。

人口全体の貧困率はなんと15・4％、全人口の6人に1人。17歳以下の子どもの貧困率は13・5％、7人に1人の子どもが貧困ということになります。

ただし、ここで言う貧困率とは絶対的貧困率ではなく、相対的貧困率です。絶対的貧困率とは、それこそ衣食住にも困っている、食べ物がなく飢餓に陥るというような差し迫った貧困ですが、さすがに日本は先進国ですから、そんなことはあまりありません。対して、相対的貧困率とは、平均収入の半分以下で暮らすことで、衣食住は、ほぼ充足しているとしても、1日2食しか食べられない（ダイエットではなく）、人との交流のための費用はない、携帯電話代がギリギリ、というような生活です。

では、20歳から64歳までの勤労世代の1人暮らしの女性の貧困の、一番の原因は何なのでしょうか。それは前項でもお話をした男女の賃金格差にあります。先ほどの例のように、結婚すると思って正社員ではないまま働き続けてしまったり、離婚など配偶者との離別で1人暮らしとなったときに、この賃金格差の溝にはまってしまうということです。

ノンイベントの人生を想定して正社員として働いていれば、結婚、離婚など、様々なイベントによる変化に対応できます（21ページ参照）。

では貧困に陥らないためにはどうすればいいのでしょうか。

ここから導き出されるのは、

1. 正社員になる
2. 総合職になる
3. 昇進する

ということが考えられます。これはあくまでも一般企業で働く場合ですが。

仕事選びには様々な要素があります。長期的視点でキャリアを考えるとき、女子だからこうむる不利な要素を少しでも少なくするためにどうするか、ということを考えてほしいと思います。

Column

壁を乗り越える方法①
学歴の壁

「学歴」という言葉を聞くとどんなイメージを持つでしょうか？　就活では「学歴フィルター」という言葉もあり、なんとなく嫌なイメージがまとわりついているかもしれません。実際に、「学歴」がつく言葉には学歴コンプレックス、学歴差別など、あまり良い使われ方をしていない気がします。それなのに履歴書には必ず学歴の欄がある。一生ついてまわるの？　とがっかりしてしまいますね。

学歴とはそもそも「学んできた経歴」という意味です。「最終学歴」を指して単に学歴と呼ぶこともあります。

ところで、学歴についての皆さんの認識、間違っていないでしょうか？

ここで質問です。「A：誰でも知っている最難関の東大卒」と「B：無名大学の大学院卒」ではどちらが学歴が上でしょうか？　東大こと東京大学は最高学府と言われます。日本で一番難しい大学。その東大卒は学歴では最上位で、何にも勝ると思いがちですね。

ですが、答えは「B：無名大学の大学院卒」です。東大はいくら入試が難関でも学歴の区分としては大学。卒業しても大学卒、学士であり、大学院卒の修士ではないのです。たとえ無名大学であっても大学院卒の修士、あるいはその上の博士のほうが最終学歴は上になります。

東大は確かに最難関大学であり、IQが高く、リテラシーの高い人が集まる大学というイメージですが、「学歴」として見た場合、正確には大学卒業の「学士」であり、他の四年制大学を出た人と資格的にはなんら違いはありません。**最終学歴とは資格の一つ**なのです。

中学校、高等学校、大学、大学院を卒業したらもらえるのが卒業資格。大学を卒業すると学士、大学院は2年修了で修士、その上が博士で前期3年（修士の2年を充当する大学もあり）、後期3年です。

例えば、何か資格試験を受けようとした際に、「受験資格」というものを目にしたことはありませんか？

建築士試験でいえば、

大学の建築学科で指定科目を修了して卒業した者は一級建築士の試験を受験できる

工業高校で指定科目を修了して卒業した者は二級建築士の試験を受験できる

となっています。

つまり高等学校卒業では一級建築士の受験資格はありません。これを見て差別だと思いますか？　単なる受験のための要件ですから、誰しもその上の学校で建築について学ばなくてはならないんだと受け止めると思います。

この学歴要件は他の資格ではかなり緩和されてきましたが、以前は「短期大学・専門学校卒業以上」「大学卒業」などを必須条件として挙げている資格が多く存在しました。

今でも公務員の受験は「大学卒業程度」と「大学院卒業程度」というコースに分かれている自治体が多く見られます。これも差別とはあまり考えないと思います。コースの違いだからと受け止められますね。

この最終学歴の壁を社会に出てから乗り越えるには、通信制高校に入学したり、通信制大学で学ぶなどの方法があります。社会人のために門戸を開いた「社会人入試制度」を持つ大学院も数多く存在します。

実は、この学歴要件は、日本よりも自由の国アメリカのほうが厳格です。

＼先輩の例

アメリカ西海岸カリフォルニアのシリコンバレーで25年働いてきたHさん（50代）は日本では専門学校を卒業して働き、その後渡米してアメリカで職を得ました。ところが昇格してマネジャーになる際に学歴要件（英語ではタイトル）が足りないと言われたそうです。そこでHさんは働きながら当時中学生だったお子さんと食卓で並んで受験勉強をし、見事、現地の大学に入り直して学びました。そして今の管理職の地位（ダイレクター）を得たそうです。

アメリカではポストにも資格要件として学歴（タイトル）を求められる場合が多く、それは差別というよりも、明確な要件として明示されているため、かえって昇格制度がわかりやすく公平だととらえられます。

先輩の例

日本の例では、短期大学卒で働いていたSさん（40代）は、転職する際に「このままでは働き続けることは難しい」と感じたと言います。「短大卒というだけで、書類審査で落とされた」悔しさから、通信制の大学に編入し、2年間で大卒資格を取得しました。その際研究した「女性とジェンダー」の問題にもっと取り組みたいと思い、その上の大学院にも進み、働きながら修士論文を仕上げました。今では最終学歴は「短期大学卒」から「大学院卒修士」となり、好条件で転職しました。

このように大学や大学院には社会人入学の道が広がっています。もしもご自分の学歴が希望の職に就くために足りないという場合は、あきらめずにチャレンジする価値はあります。働きながら通信制大学で学ぶのは決して楽とは言えないでしょうが、オンライン講義が広まってきた昨今、どこからでも講義が受けられるというメリットが生まれました。テレワークが終わって、さっと大学院の講義をオンラインで受ける、地方にいても聴講できる、など道は開けてきました。

そんな最終学歴ですが、「学歴の壁」というときには、2つの意味が混在するようです。まずはこの卒業学校、最終学歴という資格の壁です。そしてもう一つ、偏差値による序列を呼ぶ場合です。

つまり日常において「学歴」と聞いて皆さんが思い浮かべるものには、最終学歴という資格問題と大学入試の際の偏差値の高低の序列が混在しているのではないでしょうか？

学歴フィルターは必要悪？

よく話題になる大学生の就活の際の学歴フィルター。偏差値による序列で上位校、中堅校、下位校と呼ばれるケースがあります。もっと細かくランク付けされ、ABCDE、そして底辺校という意味で「Fラン」という失礼な呼び方も存在します。まったくとんでもない話です。

私の息子が中学生になり、進学塾に入るための保護者向け説明会に初めて参加したときのこと、塾の先生から「マーチに行きたいのならばこの高校くらいには入っておかないと無理です」と言われ、「マーチ？　車？　はてな？」と思ったことが忘れられません。

それ以外にもいろいろと偏差値ごとにまとめていう呼び方がありますよね。東京ならば「ＭＡＲＣＨ」「日東駒専」「大東亜帝国」などです。親となって今の時代の受験を見て初めて、そんな偏差値のまとめ方があることを知り、愕然としたことを覚えています。それ以外にもたくさん大学はあるというのに。

さて、就活の際の学歴フィルターとは、採用選考の際、初めの段階で、ある一定の偏差値ラインで大学を区切っておくこと。ある偏差値のラインより上の大学の学生を説明会に呼ぶ、偏差値ごとに説明会の日を分ける、またはエントリーシートは受け付けておいて、大学名でふるいにかけることなどを指します。そうなると、一定ラインより下の大学はその企業を受けることすらできないということになります。不公平感を覚えずにはいられません。

学歴フィルター容認派の企業側の論理としては、限られた期間の中で、効率的に選考していくには、初めに学歴でふるいにかけたほうが時間短縮できるとするものです。その裏付けとして言われるのが、「学歴を隠して選考し、最後にふたを開けたら、最終選考に残っていたのは○○大学の学生ばかりだった」というようなものです。最終的にそうなるのだから、初めからそのクラスの大学からスタートすれば選考は効率的に進むということでしょう。

果たしてそれでいいのでしょうか？

一定クラスの大学のみで選考していくと、どうしても一つの傾向の人材しか採用できなくなるという危惧はありませんか？　この多様性の時代に、そんなことで競争力が保てるのかと心配になります。

仕事をしていくには一定のリテラシーは必要です。勉強ができる。それ自体は悪いことではなく、努力もしてきたという良い面だと思います。ですが、企業活動に求められるのは勉強の努力ばかりではありませんよね。

ところが、大学の偏差値がそのまま真実の本人の偏差値になっているかというと、実はそうとも言えないのです。

人材ジャーナリスト海老原嗣生氏は、２００９年に出版した著書『学歴の耐えられない軽さ』（朝日新聞出版）において、私立大学の入試の変容について書いています。ＡＯ入試の導入により、大学入試は大きな転換点を迎えました。一芸入試や論文だけ、プレゼンテーションなどで選抜を行うため、人気アイドルが私立の最難関と言われる大学に入学できたり、高校までの学力とは関係なく大学入試を突破できるという「カオス」状態になったというのです。２０００年代に入りＡＯ入試だけでなく、指定校推薦制度や付属校の増設など、大学は少子化に対応した学生の確保のために、多様な入試制度で、夏休み頃から、いわゆる「青田買い」をするようになっていきます。ここで一度偏差値神話は崩壊したと言えるのではないでしょうか。

企業側も中学・高校から学歴を書かせたり、ある人気企業はエントリーシートで、小学校から「私立か公立か」を聞いてきたりします。

なぜそんなことまでするのか。筆記試験があるわけなので、そこで学力について問えばいいではないか、と不思議でしょうがありません。

ここまでのおわかりのように、学歴の信頼度は大きく揺らいでいます。学歴なんて意味をなさないと思いませんか？

偏差値信奉は気にすることはありません。その上、「最終学歴」を資格ととらえた場合には、何歳からでも、今からでも再チャレンジできます。

学歴の壁を越える方法はおわかりいただけましたね？

第2章

幸せの土台は「安定収入」でつくられる

1・仕事の第一義は生活の糧を得ること

貧困に陥らないためにも仕事について考えることはとても大切です。仕事の第一義は生活の糧を得ること。けれども仕事というのは、賃金の高さだけでは選べませんね。そこが難しいところです。

皆さんは仕事についてどんな希望を持っていますか？　やり甲斐ですか？　お休みがたくさんほしいですか？　できるだけ給料の良い会社がいい？　楽して高収入？　そんなうまい話はないにしても、もう少しなんとかならないのか？　たまに求人サイトを見てみるけれど、そう簡単にはいきそうもない。履歴書にどんなことを書けばいいのか。何をどうアピールすればいいかもわからない。年齢は上がっていく。もしかすると、さらに条件は悪くなっていくかもしれない。そうなっては元も子もない。やっぱり今のままが賢明なのかな？

そんなモヤモヤの根源はいったい何なのか？　この章で少し整理してみましょう。

2・「いい人」すぎると会社に利用される

いったん会社に勤め始めると、辞めるという決断には、時間を要するものです。私のところに来られる相談者からよく出る言葉が、

「辞めるに辞められない」というもの。

話を聞いてみると、次のようなことを心配しているのです。

私が辞めたらこの職場はどうなるのか？　他の人に押し付けて私だけいなくなると迷惑をかけるのでは？

そんな責任感いっぱいの人たちの相談をよく受けます。

条件の悪い職場ほど、そうなりがちです。自分だけが仲間を見捨てて、去ることはできない、というように。

いいえ、大丈夫です！

「あなた」がいなくても会社は続きます。倒産しないように努力するのは会社側の責務で

あって、個人の責任ではありません。もちろん円満退社をしたほうが良いことは当たり前です。またその会社と関わるようになるかもしれないし、引き続き同業界に残ることもあるでしょう。そう考えると「立つ鳥跡を濁さず」というのは大切な心構えです。

ですが、会社に対する過剰な同情心は必要ありません。会社よりもあなた自身の人生が大切です。逆にもしもあなたの人生に何か起こったとして、会社がどこまで面倒を見てくれるというのですか？　まず会社は働いた分に見合っただけの給料をくれる。居心地の良いオフィスを提供してくれるかもしれない。それに良い仲間もできるかも。世間的な信用を得られるかもしれない。けれどそれらはすべて会社側が優秀な人材を確保したいために行っていることです。居心地の良い職場を提供できている会社は素晴らしいですし、人を大切にする会社は良い会社です。でも、それも究極は会社経営のため。会社が倒産したら、または解散したら、それでおしまいです。

会社はあなたの人生のワークの部分を一時的に良いものにしてくれるけれども、長期にわたるあなたのライフを一生保障してはくれない。会社への帰属意識の強さが美徳である時代は終わりました。

仕事を割り切って考えましょう。

会社で働くということは会社と労働契約を結んでいるということです。あなたが働くことの内容に応じて会社は対価を払ってくれる。日本の現在の就職では、詳しく労働の内容（ジョブディスクリプション）を提示されることは少ないのですが、勤務時間や休暇、そして大事な給与についての決めごとくらいは取り交わしておいたほうがいいでしょう。それに会社側が違反しないように、労働者は労働基準法という法律で守られています。最低賃金の決まりなどもその一つです。

アルバイトの人でも「辞めるに辞められない」と言う人がいました。「辞めるなら代わりの人を連れて来い」と店長に脅されたというのです。

こうなると悪質です。そんな引き止めはまかり通りません。自分の退職後の穴埋めの紹介を強制されるのは完全に法律違反です。適切な人員補充は会社側の責務です（ただし、引き継ぎを適切に行うことを求められることはあります）。

もっとも、次の職場が見つからないから辞めるに辞められないというのならわかります。転職活動は今の職場を辞める前に働きながら並行して行うのが常識となっています。それにはインターネットで職探しができるようになったことが大きく影響していて、有給休暇が取りやすくなっていることもあり、転職活動は面接のときだけ休みを取れば働きながらできます。

3・退職理由の3要素

では、次に、これまで約2万人の相談を受けてきた私が分析した退職理由についての考察を述べていきます。

なぜなら他の人が仕事を辞める理由や傾向を知っておくことは、自分が仕事を選ぶ際の客観的基準となってくれるからです。

私は、人が仕事を選ぶ要素は大きく分けて次の3つがあると考えています。

(1) 仕事の内容
(2) 働く条件（時間、場所、給与）
(3) 人間関係

そしてこの要素に不満を感じるようになると、人は仕事を辞めたいという気持ちが芽生え、転職を考えるようになるのです。さらに言うと、不満が2つ以上重なると、もう辞めよう！　という気持ちが強くなって、私のところに来られます。そういう方が多いように感じます。お給料は安いけれど、人間関係は良いからこのままでいいかな、など、要因が一つなら我慢する人が多いようです。

しかし要因が2つ以上になると、例えば、給料は良くない、しかも上司からはパワハラまがいのプレッシャー。あれ？　これは我慢しているのがバカらしい、となって、退職へと気持ちは一気に大きく傾きます。


それでは一つひとつ詳しく見ていきましょう。

(1) 思っていた「仕事の内容」と違う

たいていの人は、まずは内容で仕事を選ぶと思います。何をするかが一番の肝ですから。その仕事の内容も、2つの面〈職種〉と〈業種〉から考えられます。営業なのか、経理なのか。これが職種ですね。また同じ経理でも、メーカーの経理なのか、商社の経理なのか。これが業種です。

ほとんどの仕事はこの職種と業種という、いわば縦糸と横糸で成り立っています。

〉図8　仕事は〈職種〉と〈業種〉で成り立っている

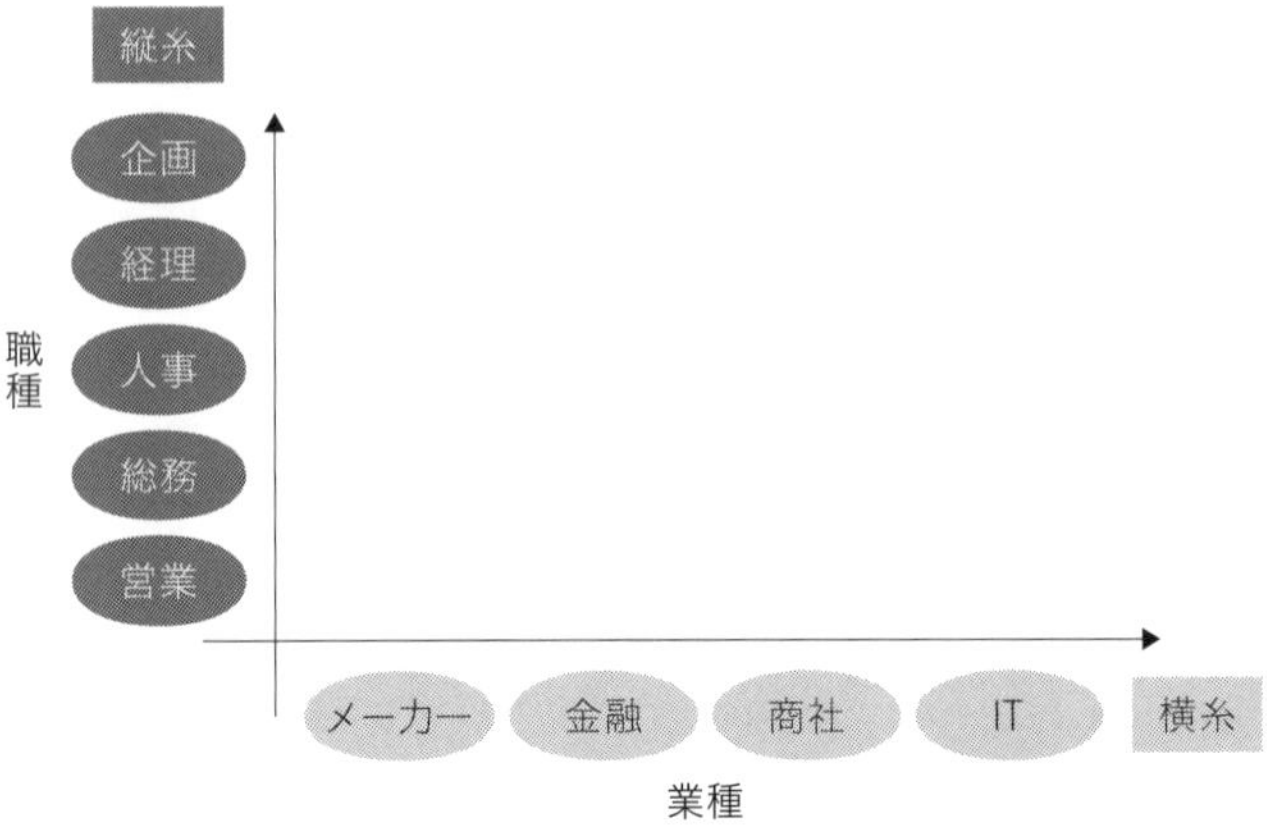

細かく言うと、その中身にもいろいろ種類はあるでしょうが、まずはそこから仕事を選びますよね。マッチングの第一歩です。

ところが辞めたくなるときは、「思っていた仕事と違った」とよく皆さん口にします。思っていた仕事と違うというのはよくあるケースです。１００％思っていた通りの仕事であったならば文句はありませんね。それに近づけるために充分なリサーチをすることが重要なのは言うまでもないのですが。ただ多くの人は充分なリサーチをせず、またはできず、面接してくれた人事担当の人柄や面接に行ったときの会社の雰囲気、それに給与という大まかな内容で入社を決めます。

インターンなどができるといいのですが、そういうシステムは少なく、すぐに給与はほしいわけですから、即、働く人がほとんどです。

また、入社してから数年経って、職場環境が変わるということも考えられます。会社経営は経済の状況に左右され、縮小や統合、新規事業を始めるときの配置換えなどもあるでしょう。人事異動というものがあり、配置換えで仕事が変わることは多いものです。そこで本来選んだはずの仕事の内容とは、ずれてくる人もいます。このままこの仕事をしていても未来につながるのだろうか。この会社の中に自分の未来があるのだろうか。そんなモヤモヤを抱えてしまうかもしれません。

もちろん、個人が仕事内容にこだわるのはとても良いことであり、当然だと思います。自分の未来は自分で考えていかないと、誰も考えてはくれません。この仕事をやっていくことで自分にどんな成長があり、次にどんな仕事に就こうかというキャリアプランを立てていく。これはとても重要なことです。自分にキャリア権があれば素晴らしいですね。

その半面、「若いうちの苦労は買ってでもしろ」とも言いますので、人事異動を拒否するのではなく、一度チャレンジしてみるのは意味のあることのように思います。人事異動は会社のほうでは、多くの部署で経験を積ませるという教育のため、上を目指すためのステップととらえている場合もあります。

私が20代の頃働いていた会社は、人事異動の多い会社で、本社のスタッフだった私は、あるとき、いきなり営業に異動した経験があります。外回りの営業は東京の場合、たいていは電車で移動します。パンフレットの入った重たいカバンを提げ、担当エリアを歩き回るという古い営業スタイルでした。歩き疲れて夕方には足がパンパンになり、会社帰りに渋谷駅の東急東横線の大きな階段（当時）を歩いて上りきれず、泣きそうになったこともありました。

また雨の中、契約書にハンコをもらいに行ったのに、「忘れてた！」と軽く言われたときの失望感！　呆然として雨宿りも兼ね、近くの喫茶店でコーヒーを飲みながら気持ちを落ち着かせた日のことを、昨日の出来事のように思い出します。

ですが、辛かったことも多い営業の経験は、今では貴重な私の財産になっています。キャリアコンサルタントになってからは、あらゆる仕事の人に対応しますが、一番多いのは営業職です。その営業という仕事が体力的にも精神的にもどのくらいしんどいかということを、身をもってわかっているのは私の強みの一つだと思います。

「営業が辛いんです」と相談者の方に言われると、「わかりますよ」と大きくうなずき、共感することができるのです。
働いてきたことに一つとして無駄な経験はないと思います。ただし、それはあくまでも法律の範囲内でのこと。当然ですが、法律違反にあたる仕事には1分1秒たりとも手を貸してはなりません。おかしいなと思ったら即、法律関係の専門家に相談しましょう。

(2)「働く条件（時間、場所、給与）」が合わない

これも仕事を辞め、転職を考える大きな動機になります。
長時間労働である。
転勤で通勤距離が長くなった。または住まいを移さなくてはならない。
それに見合った給与がもらえない。
これらのWhen、Where、How muchが条件にあたります。
そもそも仕事を分解すると5W2Hで考えられると思います。

When　いつ
Where　どこで
Who　だれが

What　何を
Why　なぜ
How　どのように
How much　いくらで

です。

中学生の頃かと思いますが、作文の書き方で習ったのは　最後のHow muchのない、5W1Hでしたね。

これに、仕事ですから報酬を加えて、How muchのHが入り、2Hになります。

これらすべてが条件とも言えますが、物理的に見えやすいものでWhen、Where、How muchの3つを挙げます。いつ（何時間）、どこで、いくらの報酬か。時、場所、金ですね。

When　いつ

いつ働くのか、というよりも何時間くらい働くか、という時間についての不満は多いと思います。

つまり労働時間の問題です。

長時間労働に疲れ、モヤモヤを抱えている人の相談は多く寄せられます。これがなくならないのが日本の労働問題の抱える一番の問題点かもしれません。長時間の労働は心身ともに健康をそこなう可能性があるし、それに対する対価が支払われないということも問題です。

「みなし残業」として、すでに20時間の残業代が給与に含まれているような場合、それ以上の残業時間のカウントがあいまいになっていることがあります。また、休日出勤についても規定がないなど、最近はこういった問題点は労使の間の話し合いで少なくなりつつありますが、相変わらず「長時間労働」の問題はクリアにはなっていません。

Where　どこで

働くというのは毎日のこと。遠い場所に通うのは時間も労力も使います。

コロナ禍になって災害レベルのダメージが全世界規模で及びました。命、健康はもちろんのこと、経済へのダメージが大きく、私の仕事も苦しい状況でした。しかし、そんな苦難の中でもたった一つだけ良かったことがあるとしたら、それは働く環境の劇的な変化です。非接触で働く必要に迫られ、多くの会社にオンラインシステムが導入され、ＷＥＢを使ったリモートワーク、テレワークが始まりました。政府がいくら旗を振っても進まなかった「働き方改革」が一気に10年分くらい進んだような気がします。

通勤時間ゼロ。洋服などの支度を整えて外に出るというストレスゼロ。それによって、どのくらいの時間の節約になったことでしょうか。もちろんそのために会話が減ったり、そのせいで鬱になったりと、いろいろな弊害が出てはいますが、ワーケーションという言葉もでき、転居せずとも遠隔地で働くことができるようなメリットも生まれました。コロナ禍は場所と時間の節約をもたらしたと言えます。

都内で働く私の知人には2020年3月から2022年3月までの約2年間、まったく1日も出社せずにテレワークをしていた人もいます。週に1日出社で後はテレワークとか、月に1日パソコンのアップデートのために出社という人も多かったようです。

How much　いくらで

給与についてはどうでしょうか。多いに越したことはないけれど、その年齢にふさわしい給与がもらえて生活できることが最低限の条件ですね。実はこれが給与の基本的な考え方です。日本の会社の給与というのは、人ひとりがひと月生きていくためにかかる最低限の家計支出をベースに組み立てられています。

例えば、次ページの2022年の家計調査（総務省）の図を見てみると、1人暮らしの場合これだけの生活費がかかります。

住居費を除けばひと月約14万円です。多いでしょうか？　少ないでしょうか？　もちろんこれ以上かかる人もいれば、そうでない倹約家の人もいるとは思います。これに住居費がいくらかかるかは地域によって異なり、都内でしっかりしたマンションならば10万円を下回ることはなく、安いアパートでも5万円はしますね。そうなると生活費は19万円から24万円の間です。

私自身、結婚して生活が楽になったことをよく覚えています。結婚しても夫婦共働きのいわゆるＤＩＮＫＳ生活が長かったのですが、私たち夫婦はずっと生活費を半分ずつ負担してきました。

いわば、割り勘夫婦です。１人暮らしの生活は、ひと月14万円＋住宅費10万円、２人暮らしになると24万円＋住宅費10万円となります。それに、電気代や食費やＷｉ－Ｆｉ代なども２人で利用したほうがお得になっていきます。これは想像に難くないと思います。中でも住居費が半分になるということは大きな魅力です。

図9　1人暮らしのひと月あたりの平均生活費

項目	平均生活費／月
飲食費（外食費、酒代含む）	39,069円
住居費（寮、社宅、実家暮らし含む）	23,300円
水道光熱費	13,098円
家具・家事用品（家具、寝具、家事用消耗品など）	5,487円
被服および履物	5,047円
保健医療（医薬品、医療サービスなど）	7,384円
交通費・通信費	19,303円
教育費	0円
教養娯楽費	17,993円
その他（諸雑費、小遣い、交際費、仕送り金など）	31,072円
消費支出合計	161,753円
住居費を除くと138,453円	

出所：総務省家計調査2022年

だからといって私は、ここで結婚を奨励するつもりではありません。そういう本ではありませんから。女子にとって、むしろ結婚がゴールではない生活をプランニングしてほしいと考えています。結婚には夢を描くこともあるでしょうが、リスクもあります。結婚しなくても2人で暮らせば10万円は家計負担が減るということになります。結婚にあこがれていてもいい。ですが、経済的に暮らせるのは結婚だけではなく、最近はやりの「シェアハウス」なども同じです。経済面で結婚にすがらないようにしたいですね。

(3)「人間関係」がきつい

会社を辞めたくなる理由で最も多いのは、実はこの人間関係だと言われています。ただし、これは年齢が上になってくると我慢する人が多くなります。また不況になると多少の人間関係のすれ違いは我慢する人が増えます。我慢の限界に達しないといいのですが。

パートなども人間関係で辞める人は少ないようです。なぜなら時間が短いと同じシフト等で働く人が少ないこと、仕事の配置が流動的であるため、同じ人との摩擦が少ないということからです。

また年齢を重ねてくると、人間関係の構築がうまくなる、あまり苦にならなくなるケースもあります。それは20代、30代の方には難しい技なのかもしれません。

職場の人間関係が嫌で会社を辞めるということは、今ではそれほど恥ずかしいこととは思いません。上司との人間関係についての悩みは、上司からのパワハラということもあります。鬱になる最も多い理由が「人間関係」ですから、これは警戒しなくてはなりません。人間関係と過重労働が重なると鬱になる可能性が増します。これは特定の人というのではなく、誰にでもあることです。

また人間関係は上司との関係だけとは限りません。同僚であっても一緒にランチに行くのが嫌だなどの理由は多く挙がります。自分だけが仲間外れにされる場合もあります。

女性から多く受ける相談の一つに、

「職場に苦手な人がいる」というものがあります。

いやいや、そりゃ1人や2人いるでしょう？　当たり前ではないですか？

そう言ってしまうと身もふたもないようですが、男性からこういう言葉はあまり出ません。男女の違いを言うのは、ジェンダーフリーの視点からはおかしいのですが、男性からの相談で「職場の人間関係」というのはあまり見られず、もっぱら働く条件のことに絞られる気がします。仕事に比較して給与が低すぎる、長時間労働なのに残業代が出ない、

図10　退職理由のホンネと建前

Q　本当の退職理由は以下のうちどれですか？
（代表的なものをひとつお答えください）

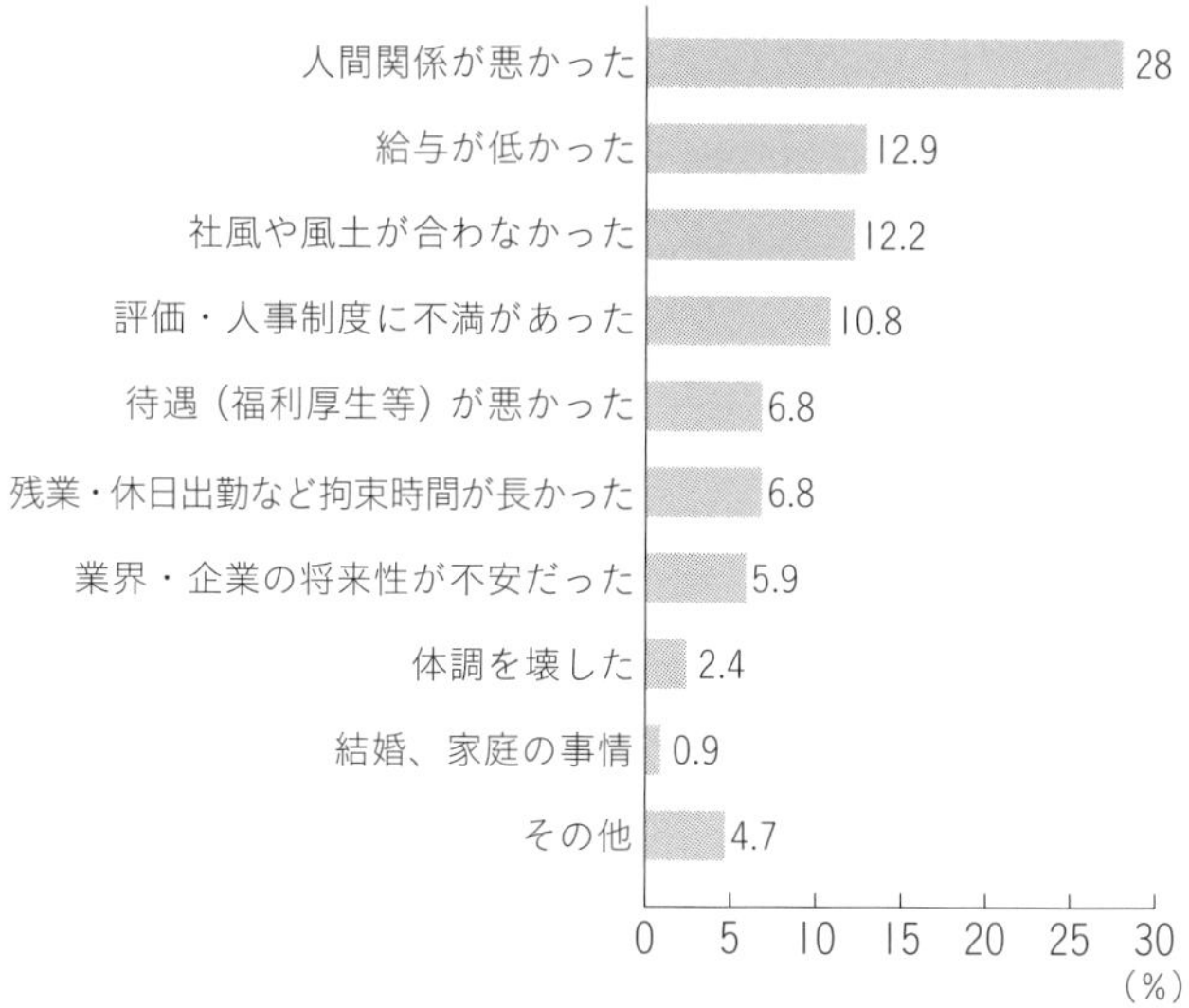

アンケート手法：WEBアンケート
アンケート期間：2021年12月22日（水）～12月28日（火）
有効回答数：610人
出所：『エン転職』会員に対するアンケート結果をもとに作成

等々です。

4・年収はいくらあれば足りるのか、幸せか

次に最低限の収入について考えてみましょう。年収がいくらあれば幸せなのかは、前野隆司氏の著書『幸せのメカニズム』（講談社）によると、アメリカ人45万人の統計では年収が7万5千ドル、日本円にして約750万円を超えると主観的幸福度と収入は無関係になっていくそうです。単純に円換算では750万円ですが、購買力の違いを加味すると、ざっと800万円というところだそうです。

もちろんもっとお金を稼ぎたい人はいるのですが、感情的幸福とは関係がなくなっていくということです。他の統計では16万ドルまでは幸福度と年収は比例していくというものもあるそうです。統計にはいろいろあるので、明確に断言はできないものの、年収はある値になったら、それ以上増えても感情的幸福度は上がらなくなるということは確かなようです。

つまり人はお金だけでは幸せになれないという証《あか》しですね。

しあわせはいつもじぶんのこころがきめる

これは詩人の相田みつをさんの言葉です。

人それぞれ、幸せの形は違う、それを見つけて満足しようというような意味だと思います。人と比べない。うらやまない。自分の幸せは自分で味わえばそれで充分。「足るを知る」という禅の教えにも通じる言葉でしょうか。

確かに人それぞれ幸せを感じる局面は違います。食べているときが幸せという人。その食べ物も、甘い物が好きだったり、とにかく白飯が好物だったり。はたまた趣味やスポーツをしているときが幸せな人もいますね。人の嗜好の数だけ幸せはあります。

私はこの言葉を座右の銘としています。人と比べるのではなく、自分の心で幸せを決めていく。生き方の大事な指針だと思っています。

どんな境遇にあっても、自分なりのささやかな幸せを見つける。そんな意味にもとらえられるでしょうか。

人と比べてもっと、もっとほしい、もっと上に、もっとたくさんと欲張っても、どこまで行っても幸せにはなれそうにありません。

そんな意味も込められているのでしょう。

あなたは今、幸せですか？

YES？　NO？

この質問に即答できる人は少ないかもしれません。

今生きているだけで幸せ。病気が治ったときなどはそう実感できるでしょうが、日常を生きていると、それだけで幸せとは言い切れないものですよね。

そして、いくら自分の心が決めるとはいえ、最低限の生活の保障がなければ、幸せを感じられそうにないのが、現代社会です。

最低限の安全で健康な暮らし。そこに心理的安全性があり、その基盤がなければ幸せを感じられないと思われます。

最低限の生活とは、一定の収入、もしくは蓄えが確保された毎日ということにつながるでしょう。そこでの金額の多寡《たか》はその人の心が決めるとしてもです。安定的に収入を得て、最低限のインカムがあって、もしくはこの先も生活するに過不足ない蓄えがあって、その基盤の上に初めて自分の心の幸せを感じられると思うのです。

では幸せはお金が決めるのか？　いえいえそういうつもりではありません。最低限の安全を確保できる生活基盤は必要だということです。

5・生活基盤の安定こそが、幸せにつながる

働くことは、心の問題と思われる「幸せ」を感じるためにも必要な活動と言えます。経済活動なのだけれども、生活基盤の重要性を考えると、幸せになるための活動でもあります。働くことはお金の問題ですが、幸せという心の問題にもリンクしてくるのです。

マズローの欲求5段階説については聞いたことがありますか？

人の欲求を5段階に分け、下の層の欲求が満たされて、その上に次の欲求が生まれるという説です。つまり生理的欲求と安全に関する欲求が満たされた最低限の生活が確保されて、初めてその上に社会的に人とつながりたいという欲求や自分が認められたいという欲求がわいてくるというのです。すなわち、仕事によって得た収入で生理的欲求が満たされ、

図11　マズローの欲求5段階説

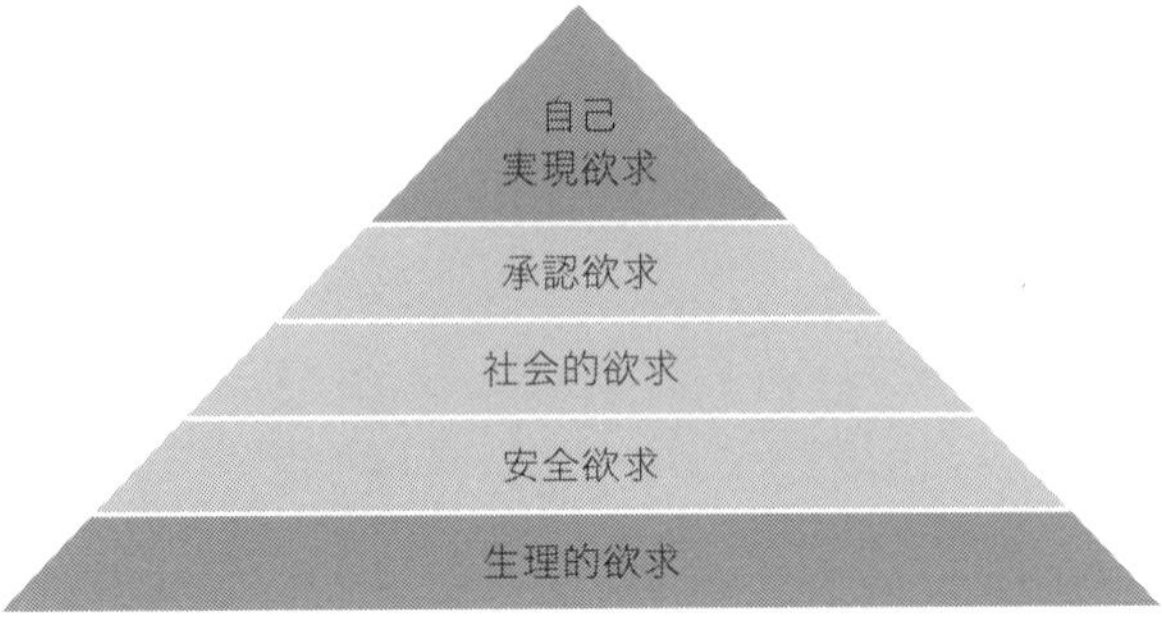

寝食の安定という基盤ができ、安全な生活を送れるようになります。

マズローの5段階欲求では、下位欲求（生理的、安全）が満たされないとその上の上位欲求を満たそうとはしないとされています。

人は限りなく欲深いものと思いがちですが、そうでもないようですね。

生活の基盤を築くための、生理的欲求、安全欲求、を満たすためにまずは働く。

働くことで人とのつながりができ、社会的欲求が満たされていきます。

そこで自分がいることとの存在意義を感じることができれば、承認欲求につながります。

その上に、自分のやり甲斐を満たす自己実現欲求があります。

つまり、働くことはマズローの5段階欲求のすべてを満たすことのできる活動と言えませんか？

働くことは、いわば「一石五鳥」の行為なのです。

あなたの今の悩みはマズローで言えば、どの欲求が満たされない段階でしょうか。

働かなければ、生理的欲求、安全欲求の土台の欲求が満たされませんが、その上の欲求はどうですか？　今の仕事で満たされていますか？　満たされていないのは承認欲求ですか？　自己実現でしょうか？

Column

壁を乗り越える方法②

年齢の壁

履歴書などの応募用紙を送ると「年齢制限」に引っかかって落とされることがあります。まだ20代の方にはご経験がないかと思いますが、30代になるとそろそろそういうことが出てきます。落とされなくても年齢にふさわしい経歴なのかどうか、という見方をされることもあります。とにかく年齢というものは転職の際、条件の一つになりがちです。ですが、年齢によるフィルタリングは違法ではないのでしょうか？

これは違法です！

平成19（２００７）年10月から、雇用対策法10条で、事業主は労働者の募集及び採用について、年齢にかかわりなく均等な機会を与えなければならないこととされ、年齢制限は禁止になりました。年齢を理由に応募を断ったり、書類選考や面接で年齢を理由に採否を決定する行為は法の規定に反します。

多様性を考える際に男女の違いによって区別することが差別ならば、年齢によって区別することも差別の一つにあたります。ですから募集の際、年齢で○歳までと条件提示することは違反とされています。

こうして、履歴書に年齢の記入欄はなくなりましたが、生年月日を見れば年齢はわかるようになっています。またハローワーク等での企業とのやり取りの中で、やんわりと年齢を聞かれることがあるようです。これは厳密に言えば違法ではありますが、面接に行って落とされるよりも、書類の段階で落とされるほうが手間がかからない、時間の節約になるという配慮もあるようです。

ですが、面接に行ってしまえば、いかようにもアピールできる！　というのが私からのおすすめポイントです。

年齢が気になる方は、いきなり面接からスタートする選考方法の会社を見つけましょう。

それには合同企業説明会に行くことです。多くの企業が一堂に会し、会社と求職者のマッチングを行う合同企業説明会。説明会ではありますが、そこで会社側と一対一で話ができれば、年齢より先に自分を見てもらえる。容姿の問題ではなく、話し方、仕事のスペックなど、年齢というフィルターをかけずに中身を見てもらうことができれば、有利ではないでしょうか。

もしも求人側に30代が望ましいという希望があったとしても、では40歳ではダメなのか、41歳はどうなのか？　という境界線はあいまいなものです。実力のある人なら45歳でも可能な場合もあります。年齢制限はあくまでも目安に過ぎないことが多いものです。

数字が独り歩きしない。実物を見てもらえる。そんな機会に積極的に参加しましょう。

35歳転職限界説の真偽は？

35歳転職限界説をご存じですか？　転職市場でよく言われてきた流説です。

これには35歳を過ぎると管理職としての職位、マネジメント力を問われるという要因が考えられます。新しい組織になじみづらくなっていく年齢と受け止められてきたのかもしれません。

ただしそれは男性に対するものが主でした。女性の場合は結婚年齢、出産年齢を考えると、35歳が節目の年齢とは言えないようです。なぜなら、女性を採用するときに、雇用側としては結婚や出産について、気にかかるものです。入社してもらったならばできるだけ長く勤めてほしい、休まず働いてほしいと考えるのは当然でしょう。年齢同様に結婚、子どもの有無について質問することも法律では禁じられているので真っ向から尋ねるわけにはいきません。

ですが、結婚していれば、夫の転勤があったらどうするのだろう、とか、出産の予定はあるのか、という心配はついてまわります。予定はどうでも、授かりものであるため、いつ出産を理由に育児休業を取得して休職するかもしれないという可能性も考えます。またすでに子どもがいる場合も保育園の送り迎えはどうなるのか、残業はできるのか、子どもの病気で欠勤が多くなるのではないか、などの勤務以外の心配が様々わいてきます。それらの私生活の不確定要因は、男性にも病気や介護などがあるのですが、女性のほうが多くなります。それがまさに30代なのです。

現代の20代・30代のライフステージは前出したように、初婚年齢の平均は女性29・5歳　男性31・0歳（全国平均・厚生労働省調べ令和3年）です。初産の平均年齢もそれに準じて30・9歳となっています。

つまり30代の女性にとっては、35歳という区切りはあまり関係がないように思われます。

むしろライフステージとしては、40代のほうが家庭の状況が落ち着き、仕事も脂がのっている時期と判断できるかもしれません。

ところが40代の転職となると、管理職としてのマネジメント力が求められ、仕事上のポストを考慮しなくてはならなくなります。既存社員とのバランスを考える企業としては難しい位置付けです。

人によってライフステージの過ごし方は様々です。私はどれも押し付けるつもりはありません。自分の食い扶持を自分で稼げれば、それでいい。それは、結婚していようと、子どもがいようと同じではないでしょうか？　子どもがいたならば、自分が食べるだけでなく、子どもの養育費、食費、被服費、もっともっと収入は必要です。それを夫婦2人で協力して賄っていくというのが現代の生き方の一つなのではないかと思います。

先輩の例

兵庫県のMさん（40代）は比較的早くに子どもをもうけ、そのお子さんは今は大学生。転職しながらもMさんは金融、損害保険業界でずっと働き続けていらっしゃいます。途中、夫に会社から転勤の辞令が出たとき、「私は一緒に行くことはできない。この年齢で子持ちで転職は難しいから」と夫婦で大激論になったそうです。そこでMさん夫婦は夫のほうが会社を辞め、地元の会社に転職。夫婦仲良く地元で暮らしているそうです。

「私は専業主婦がいい。子育てに全力を注ぎたいから」というのであれば、それも一つの意思として尊重したいと思います。ですが、その場合のリスクの大きさを考えたことはありますか？

結婚関係というのははなはだ不安定なもので、若い頃はそんなことは考えもつかないでしょうが、現実的には結婚した夫婦の離婚率は3分の1とも言われています。

2021年度の婚姻数　約50万件
　　離婚件数　約18万件
　　　　厚生労働省　人口動態調査

この日本の話ですよ！　私くらいの年齢になると、周りの友人たちを見回すと、「確かに3分の1は離婚している」ことにさほど驚くことはありません。

離婚予備軍も含めれば納得です。結婚前の皆さんに伝えるのは酷ですし、ひびかないかもしれませんが、一生守ってくれる白馬に乗った王子はいないと思ったほうがいいのではないでしょうか。自分の力で幸せになりましょう。結婚はしてもしなくてもOK。そんな気持ちで人生を組み立てていけば、年齢で焦ることもなく、余裕の毎日です。

第3章

うまくいく転職の「方程式」

1・いきなり転職サイトに登録してはいけない

第1章では、これからの時代は、一社に定年までずっといて、それで終わりという人はいなくなったと述べました。今や誰もが必ず一度は転職する時代です。一度と言わず、長い人生では何度も転機は訪れます。そこでこの章では、仕事を辞めたい、替えたいと思ったときに、必ず役に立つ「転職の方程式」をお伝えしたいと思います。

間違っても、**いきなり転職サイトに登録するのはやめてください。**転職サイトはもちろん転職活動の際には必要です。でも、自分が納得する仕事に就くためには、その前にまずやらなければならないことがあるからです。

今、まさに仕事を辞めたいと思っているあなた！　こんな経験はありませんか？

朝起きて、なんとなく仕事に行きたくない。疲れた、体が重い。起き上がれたものの、歯磨きをしても気分はドヨヨンとしたまま。今日はもう休んでしまおうか……。

今日もこなさなくてはならない仕事が山のようにある。何時までかかるのだろうか。

私にばかり仕事がふられて、忙しすぎて損している気がする。

そしてお昼になれば、またあの人たちと一緒にランチに行こうと誘われる。話題は人のうわさや悪口ばかりで、聞いていると暗い気持ちになってくるし、かといって反論はできない。そんな時間はもったいないのだが、そこに加わらないと今度は自分が何か言われるかもしれないという恐れもある。

夕方には肩こりがむごすぎるくらいになり、頭痛がしてくることも。

もろもろ考えると、なんとなく心が晴れない。気分が落ち込み、家を出たとしても、自然と足取りは重くなる。

人によって差はあるにせよ、仕事に行くのが毎日楽しくて仕方ないという人がいたら、そういう人のほうが少数派かもしれません。

それでも自分を奮い立たせて、会社にたどりつくあなたは、偉い！

仕事があるのだから、今はそれだけでもありがたいと思うという人もいるでしょう。コロナ禍になり、廃業する会社、人員整理をする会社、働く人を取り巻く環境は悪化するばかりです。そんな中、働く場所があり、収入があるだけでありがたいことなのかもしれません。

なんとなくやる気が出ない。また同じ一日の繰り返し。仕事自体に関心が持てないし、職場に向かうのが苦痛でしかない。

他にも私のところに来る人で、こんなモヤモヤを抱えた人たちがいます。

╲上司モヤモヤ

上司ってどうしていつもあんなにイライラしているんでしょうか？　何に怒っているのか。私が悪いとは思えないのに、何かと私に当たってくる。

それは私のミスではなくて、言われた通りにしたのに。いつもの気まぐれな指示のせいです。ああ言ったり、こう言ったり。指示を明確にしてほしい。

しかも繁忙期に頑張って事務作業をこなしているのに、「じゃあ、お先に」って何の労《ねぎら》いもなく帰っていく上司。私はまだ残業になりそうなのに。一言「お疲れさま」とか「ありがとう」とかいう言葉があってもいいのでは？　何も感謝されない職場。モヤモヤが溜まっています。

仕事の内容モヤモヤ

仕事がわからないんです。わからなくて泣きそうになります。誰かに聞きたくても声がかけられない。教えてくれる人がいない。自分なりに考えてやったら、上司から怒られて。「いったい何やってるんだ！」と怒鳴られました。それからは新しい仕事を指示されると、びくびくしてしまいます。もっとちゃんと説明してください！

将来モヤモヤ

私、このままでいいのかな？　と最近不安です。

この会社、そろそろやばくない？　みんな辞めていく。しかも仕事のできる人、まともな人ばかり辞めていく。変な人しか残っていない気がする。だからいっそう仕事が忙しくなる。私もそろそろ辞めたほうがいいのかも？

上司を見ていると希望が持てません。この人のようになりたい！　的な上司はいません。このままこの会社にいても成長がないし、成長がなければ、給与も上がら

図12　働く人のストレス

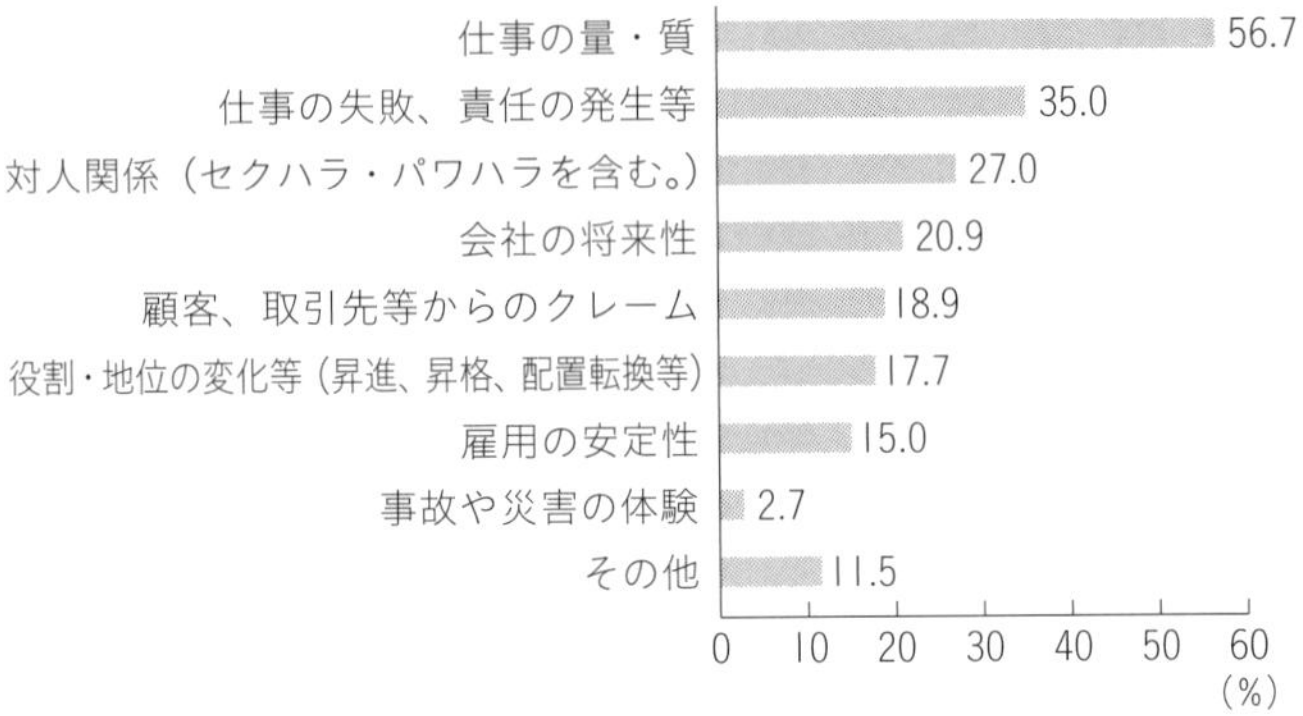

注1：常用労働者10人以上を雇用する民営事業所で雇用されている常用労働者及び受け入れた派遣労働者を対象
注2：主なもの3つ以内の複数回答
出所：厚生労働省「令和2年労働安全衛生調査（実態調査）」をもとに作成

ず、会社自体が危なくなったとき、スキルが身に付いていなくて、転職もできませんよね？

似たようなモヤモヤを感じたことのあるあなた！　一緒に整理してみましょうね。ところで周りの人はどんなストレスを抱えているのでしょうか？

ここに、働く人のストレスについて全国的にアンケートをとった結果があります（図12）。

厚生労働省が令和4年に発表した、約1万8千人に聞いたものです。（調査実施は令和2年）、主なもの3つ以内の複数回答をまとめています。

「仕事や職業生活に関する強い不安、悩み、ストレスを感じる」とした労働者のうち、その内容を見ると、

1位「仕事の量・質」(56・7%)

2位「仕事の失敗、責任の発生等」(35・0%)

3位「対人関係(セクハラ・パワハラを含む。)」(27・0%)

でした。

2・あなたのモヤモヤ緊急度診断

では、あなたの仕事のモヤモヤ緊急度はどのくらいでしょうか?

1. 今日、明日にも辞めたい(心身の安全への危険)。
2. あと数ヵ月は我慢できるが1年は持たない。
3. 1年は続けられそうだが、できれば転職したい。

4．もっと良い条件のところがあるなら、考えたい。
5．この仕事をしばらく（年単位で）続けたい。

あなたの仕事のモヤモヤ度は　どのクラスでしたか？

1であれば、即刻会社を休むしかありません。これは学校時代の不登校と同じです。出社しようと思うと、体が動かなくなる、吐き気がする、涙があふれてくる。そういった症状の人はすぐに会社に電話を入れて、「体調が悪いので休む」と伝えましょう。伝え方はいろいろでしょうが、「休む」ことはあなたの権利であり、それが有給休暇なのか、欠勤で無給になるのかは別次元の問題です。まずは体を休めてから、ゆっくり考えます。少し状態が落ち着いてからこの本をお役立てください。
2、3、4の人はこの本に沿って次の仕事、キャリアについて考えていきましょう。
また、5の人も長期的に考えれば転職の機会はあるかもしれませんので、この本がお役に立てるはずです。

図13　転職のステップ

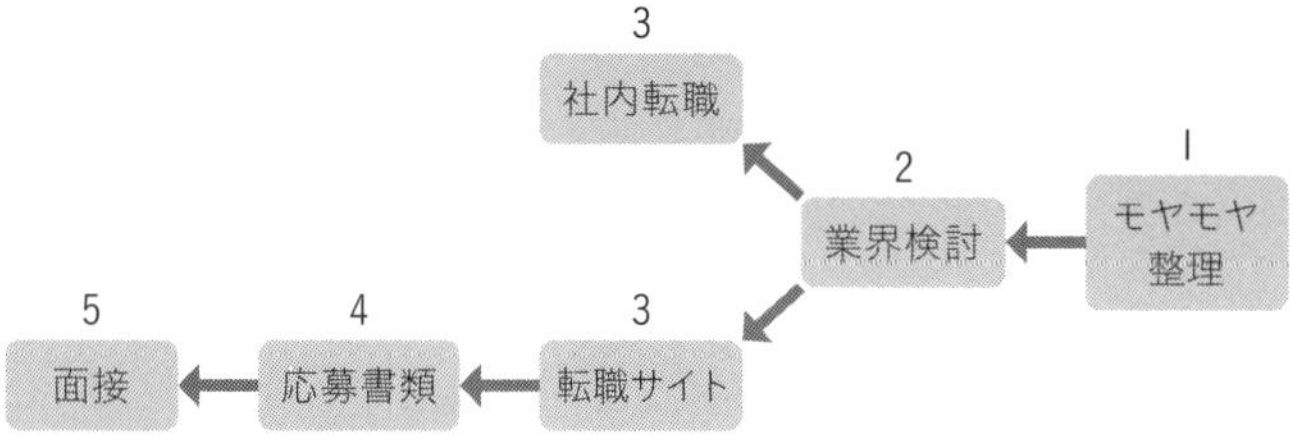

3・人生100年時代の転職の方程式

仕事のモヤモヤを抱えたあなた！

先ほども述べましたが、この段階でいきなり転職サイトに登録するのはおすすめできません。なぜなら、サイトに登録するとすぐに山のようにスカウトメールが来ます。市場調査のつもりが、そこにコーディネーターの面談が入り、あれよあれよという間に面接の日程が組まれていったりします。自分の意思がフラフラした状態で転職をすすめられてそこに乗っかっていっても、納得がいかず、またすぐに転職ということになりかねません。

ステップとしては上の図のような流れをおすすめします。

1. モヤモヤ整理（ワークシート）
2. 業界検討、適職研究（ワークシート）
3. 転職サイト登録（社内転職）
4. 応募書類準備
5. 面接

4・頭の中のモヤモヤ整理と壁打ち

まずは少し立ち止まって頭の中を整理する時間を取りましょう。そして、たくさん悩みましょう。考えましょう。次の章では考えを整理するワークシートもご用意しています。ですが、あまりにも頭の中がグルグルと堂々巡りになってしまっているとしたら、誰かと話しながら整理するのもいいでしょう。いわゆる「壁打ち」です。一人で考え続けるのも良い経験になりますが、適度に「壁打ち」できる相手も必要です。親しい友人、先生やメンターの人などが良いと思います。

もしも友人などには相談しづらければ、お金はかかるかもしれませんが、私のようなプロのキャリアコンサルタントに相談するのもいいですね（無料相談もあります）。

何か教えてほしいときは、その道のプロに相談しますよね。ピアノを習いたければピアノ教室に、料理を習いたければ料理教室に行きます。お花を習いたいのにテニス教室には行きませんよね？

仕事の悩みも同じことです。心理カウンセラーを探す前に、占いの館に行く前に、キャリアコンサルタントを訪ねてほしいですね。何でもその道のプロに相談するのが解決の近道ではないでしょうか。仕事の悩みの窓口はまずはキャリアコンサルタントです。

5・仕事は無限にある、選ぶのはあなた

何かで行き詰まってしまう、辛くなっていくのは「他に選択肢がない」という状況のときではないでしょうか？　ああ、どうしよう、ニッチもサッチも行かない。

仕事で言えば、「もう私にはこの仕事しかないのにうまくいかない。ダメだ。お金がな

くなっていく。この先、生きていけるのか……」とどんどん悪いほうに考えてしまう。そんなループにはまってしまって頭を抱える。ドツボにはまっていく。真面目な人ほど陥りやすいループです。

でも、悩んだときに他の選択肢を持てる。考える筋道を見つけられる。そうすると気が楽になっていきませんか？　仕事に悩んだら、この筋道に沿って考えればいい。転職という道もある。自分から動いてみないで、自分の頭の中だけで考え込んでいる方が多いように思います。

仕事に悩んだらこの筋道で考えればいい。整理しきれなかったら壁打ちする。しっかり自分の話を聴いてわかってくれる信頼できる友だちや先輩、メンターやキャリアコンサルタントを見つけておく。何かあってもこの人に相談すれば大丈夫。そんな考え方が気持ちを楽にしてくれると思います。

実際、私のところには学生時代に就活の相談をしていた人が、初めての転職のときも相談にやってきます。その後も転職の度に数年おきに相談に来る人もいます。必ずそこで転職するとは限らず、会社の中で職場を見直す人もいる。本当に長いお付き合いですね。今のところ起業して30年なので、最長の人で30年のお付き合いです。

いろいろな選択肢を持てば、働くこともぐっと楽になる。節目節目に相談相手を見つけておけば、仕事が辛くなる場面も少なくなるのではないかと思います。

たとえ今すぐの転職は考えていないにせよ、つねにシミュレーションをしておく。それが生きてくるときが後々必ず来ます。

Column

壁を乗り越える方法③

地域の壁

地域の壁ってあるの？　と都会の方は思われるかもしれません。以前ほどではないにせよ、これは存在します。私自身、地方出身ですから、それは身に沁みてわかります。

とくに女性には都会と地方の雇用の差は激しいものがあります。大学は東京だった私は、卒業して就職する際、生まれ故郷にＵターンするか、東京で就職するか、悩みました。１９８０年代当時、地方の女性の採用は事務職だけ。条件の良いところは公務員という制約がありました。２０２０年代の今は平等意識が高まってきたとはいえ、ジェンダーバイアスについての意識は都会と地方とではまだ温度差があります。

私は地方の高校の就職支援を担当したことがあります。その際、学力が高くても、進学せずに地元に就職していく人をたくさん見ました。それはそれで幸せとは思いますが、高卒の場合、地元就職が多くなり、選択肢は狭まります。

賃金の格差も存在します。最低賃金も東京は時給1040円。地方にはまだ800円台のところもあります。生活する上で、確かに地方のほうが住宅費や食費などは安く済むかもしれませんが、地方だからといってスマホの値段やWiFi代、学校の学費が安いわけではないので、生活の苦しさを感じる人はいるかと思います。

ところが、この地域差の克服に、このコロナ禍で良かったことの一つとして、テレワークの普及があります。地方在住でも東京の仕事がリモートでできる。そんなケースも増えてきました。

まだまだ地域差は存在するものの、コロナ禍の思いがけない副産物で、仕事によっては、その壁が打ち破れるかもしれません。むしろ地域の良さを活かして、起業する人なども出てきて、チャレンジしやすくなってきました。

先輩の例

山梨県に実家があるAさん（30代）は、これまで東京の信用金庫に勤めていましたが、親御さんの介護などもあり、思い切ってUターンして地元のブドウ農家に転職。そこでネットでブドウを売っています。メタバースのマルシェでは1日30万円の売り上げがあったそうです。

作り手にならなくても、流通販売ルートをネットで担う若者が求められているということです。

第4章

「やりたい仕事」を探すためのワーク

1・自分に合った仕事が見つかる「適職ベン図」

さて、どんな仕事が自分に向いているのか、いよいよこれを考えていきましょう。

「私はどんな仕事に向いているんでしょうか」とよく質問されます。私は占い師ではないので、「こんな資格がいいですよ」とか「あなたはこの仕事が向いています」と顔を見ただけでピタリと当てることはできません。一緒に筋道を立てて整理していきます。過去の経験などをお話ししてもらいながら、未来を考えていきます。そこに時代のニーズなども考え合わせながら。

私がおすすめしているのは「適職ベン図」というものです。次の3つの軸で考え、その重なった部分を適職と考えていきます。

(1) WILL

まずは自分のやりたいことは何なのか、を考えましょう。私のアドバイス方法はワクワクすることを仕事の中心にすえようというものです。働いてその対価として金銭を得るという活動には、必ず辛い部分、耐えることが付いてきます。それが続きすぎるのは良くありませんが、中心にあるものが自分のやりたいことであり、楽しめることならば、乗り越えていけると思うからです。

そうは言っても、「仕事は趣味とは違うでしょう」と思われるかもしれません。確かに、趣味が余暇を楽しむものなら趣味とは違います。ですが、もしも趣味と言えるくらい好きなことに1日の多くの時間を費やすことができたなら、そんな幸せはないですよね。働くことで幸せになっていけるように、ここを真剣に考えてみましょう。人は好きなことをするためならば無限にエネルギーがわいてきます。

もし、やりたいことがどうしても思いつかない場合、これまでにやったことで好きだったこと、楽しかったことを思い出しましょう。抽象的なことでかまいません。人と話す、文章を書く、収支をきちんと合わせる、などです。次に具体的に宣伝の仕事、人をサポートする仕事、など仕事に落とし込んで書き出してみましょう。

(2) CAN

2つ目は過去の仕事・経験の洗い出しです。「やってきたこと」は「できること」だからです。過去の経験を活かすかどうか、それは後から考えることにして、過去に就いてきた仕事を細かく書いていきます。事務の仕事であれば、その中身。ファイリング、交通費の清算、接客、そういった細かなことを書き出してみましょう。その中で今後もまたやっていきたいことを考えます。二度とやりたくないことは消していってください。やりたくないことはもう二度としない。そう決めていきましょう。人生の時間の無駄ですから。

(3) NEEDS(マクロ・ミクロ)

3つ目にニーズです。社会が必要としているところに仕事は成立していきます。これまでも人が必要としていることを満たしてあげるところに仕事が生まれてきました。例えば、高齢化社会になって、家族単位では高齢者の世話ができなくなり、介護制度がつくられ、介護の仕事が生まれました。また、親が働くためには子どもをどこかに預けなくてはならない。そこで共同で子どもたちを見るために保育園ができ、そこに保育士さんが必要になってきたのです。

図14　どんなスキルを活かしますか？〈適職ベン図〉

1. WILL

3. NEEDS〈マクロ〉

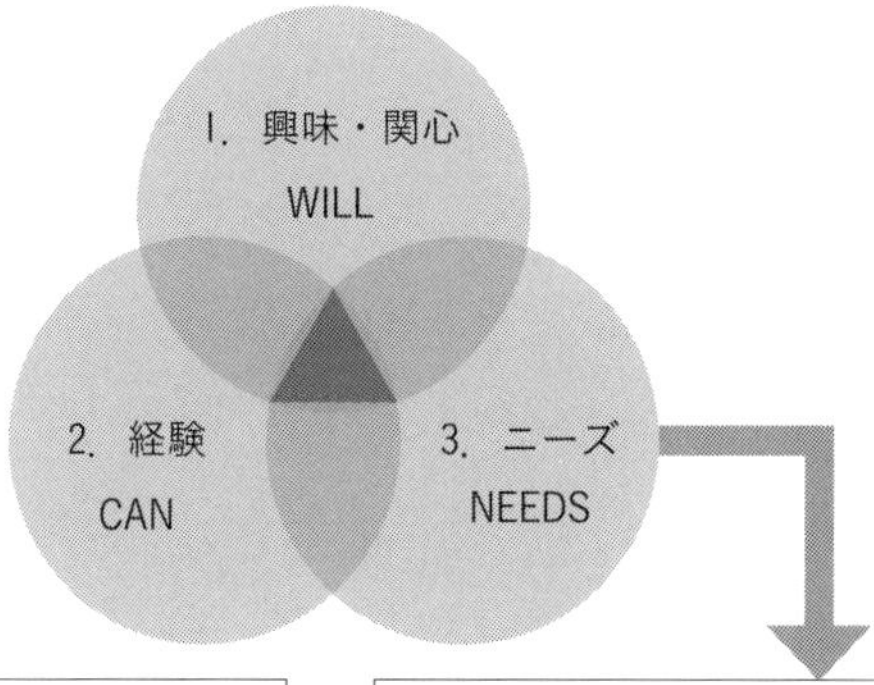

2. CAN

4. HELP〈ミクロ〉
誰の役に立てるか？
困っている人は誰か？

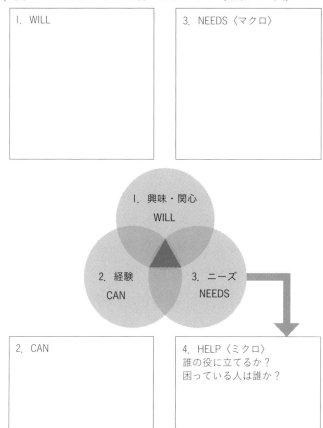

ニーズというと難しそうですが、シンプルに考えると、困っている人は誰なのか、と考えてみることです。困っている人の役に立つ。そう考えてみましょう。

それもマクロとミクロで考えます。まずは大きく社会全体のマクロのニーズ。これは例えば少子高齢化や、自然エネルギー問題、災害対策などです。日本中どこに行っても必要なニーズであり、これに沿っていれば、長期にわたるニーズと考えられます。

ここにミクロのニーズを加えて探していきます。どんな人が困っていて、助けたいのか、身近にいる人たちのことを思い描いてください。買い物に行けなくて困っている年配の方。困窮家庭の子どもたち。または新しくできたショッピングセンターが人手不足で困っている、等々。あなたの半径1キロメートル以内のことで考えていきましょう。困っているところに手を差し伸べる。それが仕事の原点です。

2・働くことは誰かを助けること

周りの困っている人を助けるところに仕事が成立します。周りの人がどんなことで困っているのか、そこにどんな手助けをすればいいのか。しかも自分の得意なことを活かして手助けできないのか。そこを考えていきましょう。

働くということは人の役に立つということ。できる人ができることで人をサポートしていく。そう考えると仕事が無味乾燥なものではなく、人の温かみを感じられるものになりませんか？　仕事を単にお金儲けとだけ考えるのではなく、人を助けるためならやる気が出るという人も多いと思います。

そもそも働くことの起源を考えてみてください。働くことは人を助けることとして生まれてきました。縄文時代にまで遡って考えると、その頃、人々は狩猟や採取だけでなく、農作を始めます。狩りが得意な人は狩りをし、農作に向いている人は農作をする。その収穫物を貯めておくための甕《かめ》を創る人も現れます。そうやって、人々は自分のできること、得意なことを活かしながら、人のできないことを助けていく、そんなふうに共同生活をしていったのです。農作によって人口が増えると、そこに物々交換が生まれ、その仲介をするために貨幣経済が生まれてきたという経過です。この社会は多かれ少なかれ共同社会です。皆が助け合って社会は成り立っていますね。

２０１１年に起きた東日本大震災では、多くの人が被害に遭われました。直接被害を受けた方はもとより、なんとか命は取り留めても避難生活を余儀なくされた人も多くいました。避難生活は助け合いそのものだったと思います。直接被害はなかった東京に暮らす人々の日常も奪われました。福島の原子力発電所の停止で東京も停電になり、信号はつかず、帰宅時の駅は真っ暗でした。不夜城だった東京は幻と化しました。物資の輸送が滞り、スーパーマーケットの棚が続々と空っぽに。そのとき感じたのは、当たり前の日常は多くの人の仕事に支えられているということでした。電気が作られ、送られる。パン工場で素材の小麦粉などからパンが作られ、トラックでスーパーマーケットに届けられる。それを棚に並べる人もいる。一つひとつの仕事が連携しており、生活が成り立っているのだと実感しました。どの仕事一つが欠けても、そのリレーが滞ってしまい、食品は手元に届かないのです。すべての仕事が人の生活の役に立っています。

人の役に立つのはボランティアだと考えるのはある種の固定観念です。働くことは人の役に立つこと。困っている人を助けることが仕事の本質です。そしてそれによって自分も糧を得るのだと考えを変えてみませんか？

3・仕事のネタは身の周りにある

これは私が、キャリアコンサルタントを考えついたときに使った手法でもあります。自分のやりたいことと過去の経験、そして自分の周りのニーズを考えました。

私にとって過去の経験とは企業での人事の経験でした。採用試験に応募してきた学生の皆さんが面接を受けに来るその面接の場面で、学生の皆さんにもっとアドバイスがしたいなと思うようになっていました。「彼女はなぜ顔を上げて話さないんだろう」「もう少し大きい声で話せばいいのに」そんなことを考えながら、面接役をしていました。企業の採用活動ですので、そこでアドバイスをしているわけにはいきません。イエスかノーか合格か不合格かジャッジするしかないのです。やりたいこととして思いついたのはそれでした。学生に就活のアドバイスをしよう！　就活アドバイザーです。

ニーズは見込めました。ミクロのニーズは学生の就職難です。そして、マクロのニーズはバブル崩壊後の不況。リストラが始まっていました。仕事に困っていたのは学生だけではなかったのです。

就活アドバイザー。いやいや名前はもっとよく考えよう。キャリアコンサルタントはどうだろう。知り合いのマスコミの方々に相談して決めました。

1993年当時、日本にはまだそんな仕事はなかったのです。

この適職ベン図で私は日本初のキャリアコンサルタントになり、起業しました。

転職を考えている皆さんは、「私は起業するわけではないから」と思われますか？　いっそ起業するくらいの気持ちで仕事探しをしてはどうでしょうか？

4・自分の理想の未来を書き込む「未来年表」

少し未来のことも考えてみましょう。未来年表は1年ごとに家族と自分の状況を考えていくものです。

結婚する年齢を想定したり、出産の年齢なども想定したりしてみるといいでしょう。

参考のために平均初婚年齢と第一子出産年齢を入れます。

図15　あなたのキャリアプランは？〈未来年表〉

年	年齢	キャリア	家族1	家族2	家族3
2023					
2024					
2025					
2026					
2027					
2028					
2029					
2030					
2031					
2032					
2033					
2034					
2035					
2036					
2037					
2038					
2039					
2040					

	初婚年齢	女子29・5歳 男子31・0歳
	第一子出産年齢	30・9歳

厚生労働省・人口動態調査　令和3年（2022年発表）

5・目指すキャリアが見えてくる「未来ピラミッド」

そうは言っても結婚もまだ、家族もいないとなると、1年1年の変化はとらえにくいかもしれません。また、変化の激しい現代においては、今回のコロナ禍をとって見ても一生分の未来予測には不確定要素が多すぎますので、5年後、10年後くらいを考えておくのでもいいかもしれません。

その場合はこの未来ピラミッドで考えてみてはどうでしょうか？

一例を挙げてみます。

図16　未来ピラミッド

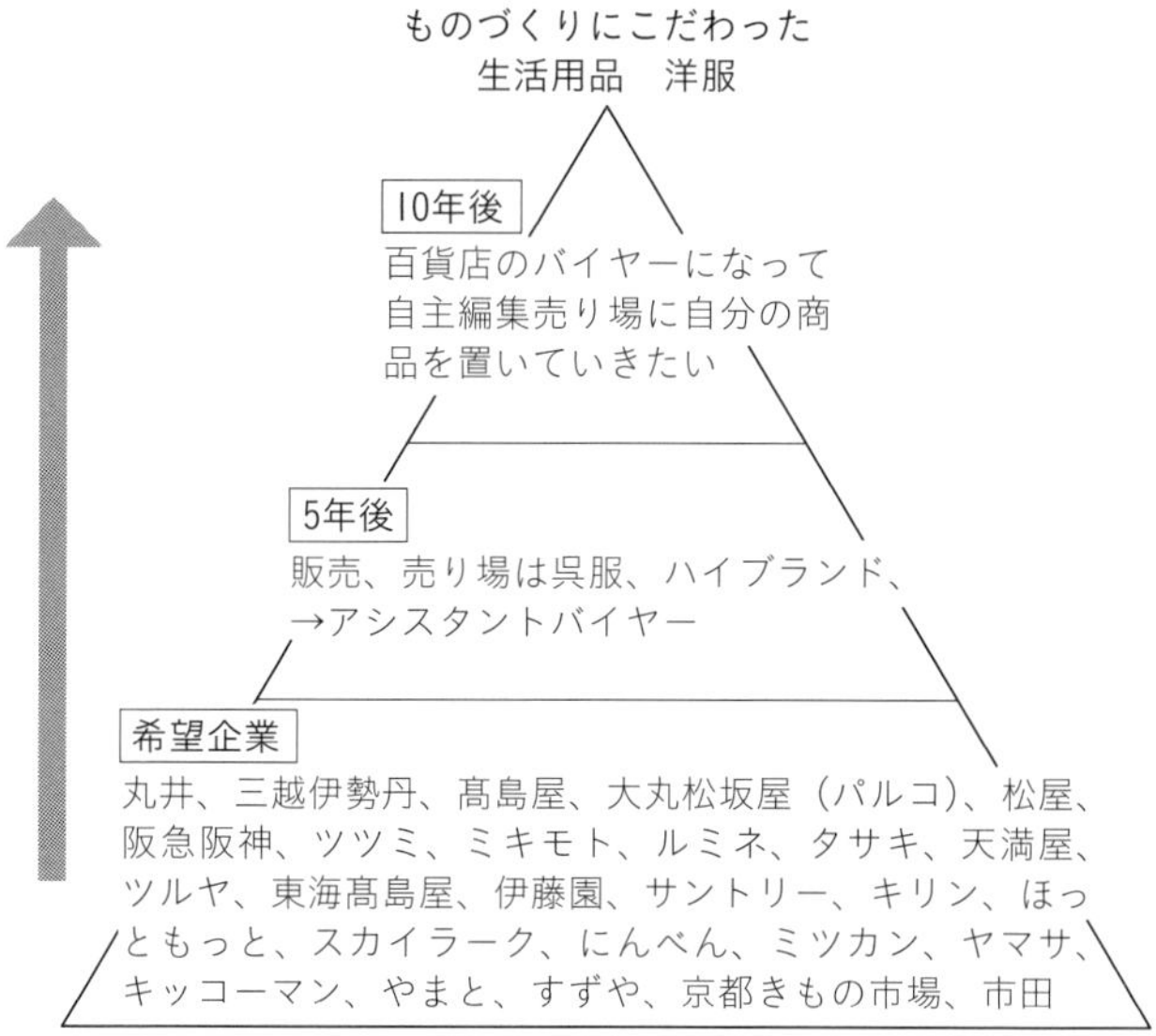
ものづくりにこだわった
生活用品　洋服
10年後
百貨店のバイヤーになって
自主編集売り場に自分の商
品を置いていきたい
5年後
販売、売り場は呉服、ハイブランド、
→アシスタントバイヤー
希望企業
丸井、三越伊勢丹、髙島屋、大丸松坂屋（パルコ）、松屋、
阪急阪神、ツツミ、ミキモト、ルミネ、タサキ、天満屋、
ツルヤ、東海髙島屋、伊藤園、サントリー、キリン、ほっ
ともっと、スカイラーク、にんべん、ミツカン、ヤマサ、
キッコーマン、やまと、すずや、京都きもの市場、市田

図17　過去・現在・未来

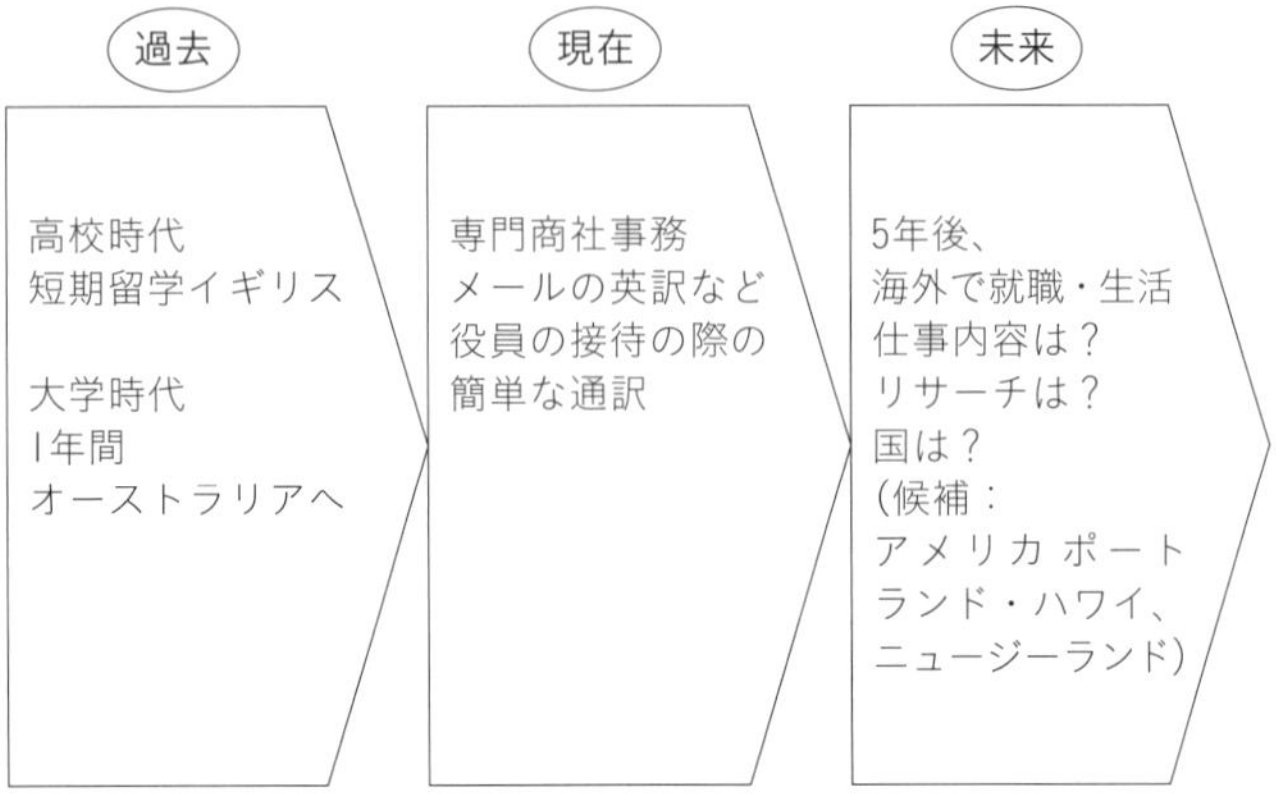

過去	現在	未来
高校時代 短期留学イギリス 大学時代 1年間 オーストラリアへ	専門商社事務 メールの英訳など 役員の接待の際の 簡単な通訳	5年後、 海外で就職・生活 仕事内容は？ リサーチは？ 国は？ (候補： アメリカ ポート ランド・ハワイ、 ニュージーランド)

6・「過去・現在・未来」を通じて達成したいこと

仕事を考えるとき、過去のことも考え、未来につなげるということでは、上のようなワークシートを作成してもいいと思います。

人生を大きくとらえます。達成したいことを書いてみましょう。

図18　メリット・デメリット表

	メリット	デメリット
A	人間関係が良い 仕事内容は無理がない	残業が多い テレワークできない 将来のキャリアップが不明
B	IT企業に転職 長期に将来性あり 収入上がる	ITスキルを習得する自信がない 残業は多そう

7．迷いの気持ちを整理する「メリット・デメリット表」

現在の仕事に迷っているようであれば、メリット・デメリットを書き出して比較してみるといいでしょう。

現在の会社にそのままいることをAとして、転職することをBとするなどです。その際、今すぐのメリットだけでなく、5年後はどうなるかという未来の視点を持つといいでしょう。

8・人生100年時代のキャリアデザイン

人生100年時代と言われます。そう言われても、まだピンと来ないでしょうか？　しかし、今現在50代、60代の人にとっては喫緊の問題として、一大ブームとなっています。どういうことかと言うと、これまで仕事人生は定年が60歳、つまり40年ほど働けばいいと考えられていたのが、実は50年、60年となっていくということなのです。さらには、終身雇用というのは考え難くなり、人生の中で必ず一度は転職する時代が到来しています。つまりセカンドキャリアは当たり前の時代になってきました。定年後の仕事が必要なのです。再雇用で10年働いたとして、その後のサードキャリアも必要かもしれません。

何歳で転機を迎えるか。もちろん偶発的なこともあるでしょうし、何歳でもかまわないと思います。私の場合は33歳でセカンドキャリアが始まったので、セカンドキャリアのスタートは早いほうだったかもしれません。手前味噌のようですが、セカンドキャリアのスタートは早いほうが大成できる気がします。私は今ももちろん元気ハツラツですが、振り返ると、体力も気力もさらに充実していたのは30代でした。
皆さんは今、１００年人生のどのあたりですか？　セカンドキャリアをスタートするなら早めが良いかもしれませんね。その後にサードもフォースも待っているかもしれません。

図19　人生80年から100年へ

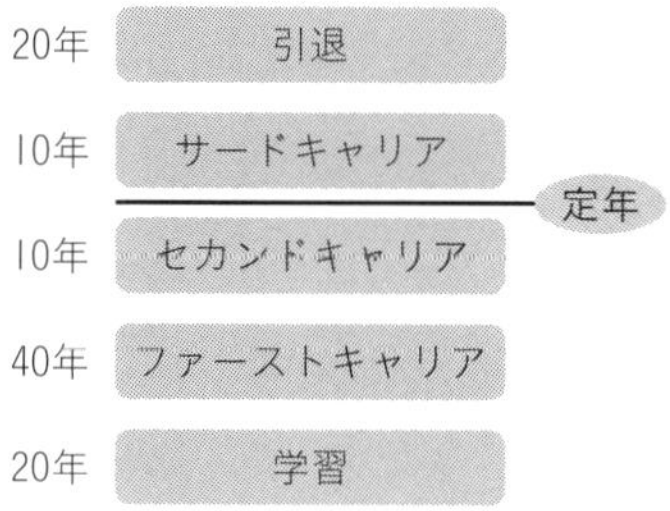

図20　セカンドキャリアは
早めのスタートがおすすめ

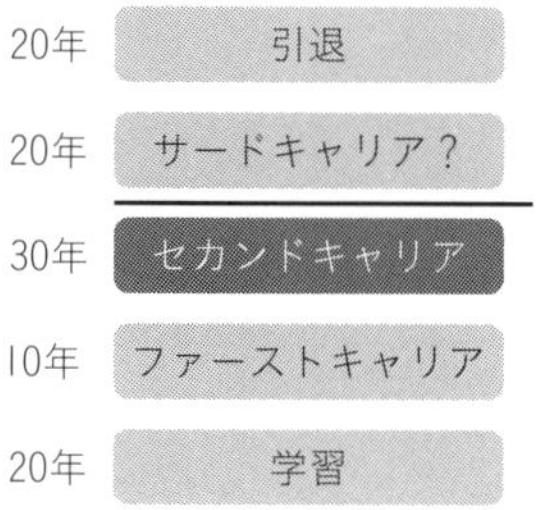

Column

壁を乗り越える方法④

毒親・親ガチャの壁

現状の学歴は、「親ガチャ」に非常に依存していると言わざるを得ません。

2021年の流行語大賞10位内に入ったトレンドワード「親ガチャ」。「親ガチャ、ハズレ」というように使われるため、なんともやるせない言葉です。親は選べない。親にはずれた。ただし、実際に友人同士で使う場合は軽口が多く、深刻なケースであってもなくても、それをオブラートに包む言葉として使われるようです。「親ガチャ」を研究し、世に広めた筑波大学土井隆義教授は、「関係性を維持するための優しい言葉」ともおっしゃっています。

親ガチャに似ているのが、地域ガチャ、国ガチャ、時代ガチャ、そして男女ガチャです。生まれた国や地域、男女の違い。どれも自分では選べませんが、親ガチャは他のガチャに比べれば、自分の意思で変えていけるものです。

乳児院で育ったAさんは「親ガチャにはずれたんだ」とつぶやいたとき、自分の気持ちが整理できる方向に向かったと言います。居場所ができたような気がしたそうです。Aさんは今では親として立派に家庭を築いています。

また、里親に育てられてきたBさんは、「進学は高校まででいい」と思っていたのに、中学の先生から「勉強ができるから、大学を目指しなさい」と言われて東大に入ったということでした。素晴らしい努力です。

「親ガチャ」にはずれたとしても、しっかりと人生を立て直していける人はたくさんいます。応援したいものです。

ですが、家庭環境に恵まれる恵まれないは、幼少期の過ごし方に大きくかかわってくることは事実です。ある調査によれば、小学5年生時の偏差値が高校3年生時の偏差値に90％連動しているそうです。高校3年生時の偏差値とはまさに大学入試の偏差値のことですね。中高一貫校の増加や推薦入試の広まりが、これに拍車をかけているのかもしれません。

親ガチャ問題。これも学歴、偏差値が信用できない理由の一つです。偏差値は本

> 図21　小学5年時の偏差値別
> 高校3年時偏差値60以上の比率

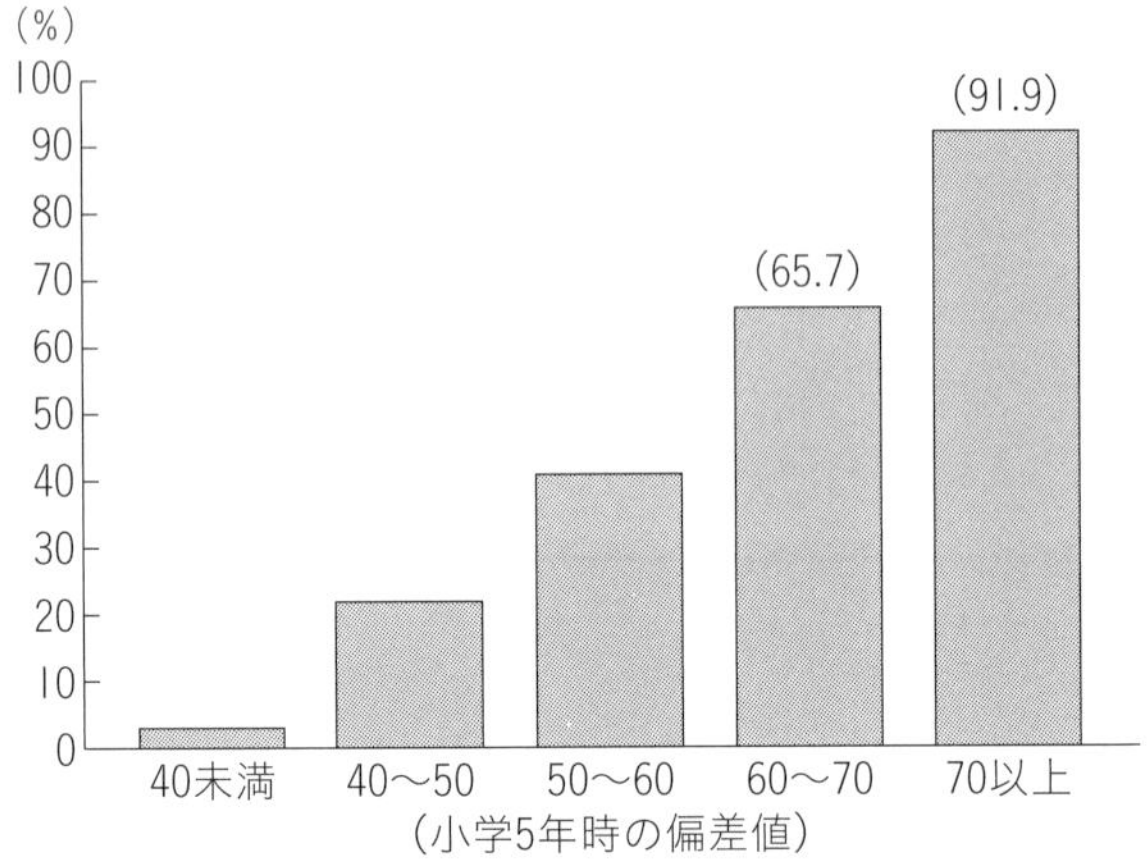

小学5年〜高校3年で該当科目を連続受験した2948人が対象。高校3年時の3科は文系（英国社）、理系（英数理）で本人の入学大学に準関、不明の場合は高いほうを採用。

全国統一小学生テスト（ナガセ傘下の四谷大塚が開催）が、2017年で開始から11年目を迎えた。大学受験を中心に展開する東進でも中学生テスト、高校生テストをスタートさせ、受験した子どもたちの学力について追跡調査をした。その結果小5のときに偏差値70以上の子どもは、91.9%の確率で高3での偏差値は60以上となる。

出所：2017/10/20 21:51（最終更新 10/20 22:15）毎日新聞オンライン

人の努力にもまして、親の経済格差を大きく反映しているということです。

現在の日本は経済的にはおしなべて豊かに感じられますが、子どもの貧困は7人に1人と言われるくらい深刻です。そんな経済格差が固定化しないための社会制度設計が必要です。

企業は本人の能力よりも家庭環境を重視して採用活動をしていていいのでしょうか。それで国際競争にも勝てる企業として成り立っていくのでしょうか。

家庭環境が良いことも能力の一つと考えられるかもしれません。でも、そういう人は結局「打たれ弱い」のではないかと危惧します。だから現在の企業において「レジリエンス＝乗り切る力」の研修がはやっているのかと邪推したくなります。

もちろん私企業は私有物であるため、勝手に自分たちなりの物差しで選抜していけばいいという論理もあるのかもしれません。

しかし昭和の日本を代表する経営者、松下幸之助氏が、「企業は社会の公器」と言っているように、私企業といえども、大企業ともなれば、公器として、社会全体への貢献や役割を考えなくてはならないということでしょう。

第5章

未来に有望な仕事と資格

１・ＡＩの進化が変える未来

前章では、過去の経験を分析して、自分の得意を活かしてどんな仕事をしていけばいいかをいろいろな角度から考えてきました。もちろん同業界への転職のほうが、経験者として優遇されますし、優遇とまではいかなくても比較的募集は多いと思われます。

ですが、勤務する会社が経営不振なだけではなく、同じ業界全体が構造不況にある場合、横スライドして別の業界を見ていく必要が出てきます。そんなときは少し未来の産業全体に目を向けなくてはなりません。

中でも見過ごせないのが、コンピューター、ＡＩの進化です。

ＡＩの進化によってなくなっていく仕事について書かれた本が、日本で発表されて話題になったのは２０１５年のことでした。『あと20年でなくなる50の仕事』（水野操著、青春出版社）は、キャリア界に旋風を巻き起こしました。この本の基になっているのはオックスフォード大学のマイケル・Ａ・オズボーン准教授の論文「雇用の未来――コンピューター化によって仕事は失われるのか」です。

そうは言っても、大げさに言っているだけだろう、と私自身もタカをくくっていました。ところが2020年に近所のスーパーマーケットのレジが突然、セルフレジになったときの驚きは忘れることができません。これはAI化というよりも単なるロボット化ですが、自分の身近にもひたひたとAIは迫ってきたと感じました。そこから雪崩を打ったようにコンビニエンスストアもどこもかしこもセルフレジになり、人に現金を渡すことが少なくなっていきました。店のレジの人たちは商品をスキャンはしますが、お金を受け取るのは機械です。今は銀行ですら人間は現金を受け取りません。銀行で人が現金を受け取らないって！　びっくりしませんか？

しかも同時にコロナ禍が巻き起こり、社会全体が非接触に努めることとなり、スマホやクレジットカードの決済が増加してました。フィンテックですね。DX（デジタルトランスフォーメーション）の波は大きなうねりとなって身近に打ち寄せてきています。

ユニクロに買い物に行ったときの驚きは、まるでキツネにつままれたようなものでした。商品をかごに入れたままレジをくぐらせると自動的に商品を読み取って代金が計算されていました。特殊なタグが付けられているのでしょう。そうとわかっていても、ここにも人がいらなくなりました。人が介在せずにコンピューターが会計をしていきます。まるでオセロゲームのようにくるくるとコマがひっくり返り、ＡＩが人に代わって陣地を増やしてきている恐怖感のようなものに襲われたものです。

すべてがＡＩに取って代わられるというようなことはないにしろ、今の60代ならいざ知らず、この本を手にしてくれた若いあなたには考えておいてほしい将来の世界です。

10年以内にはなくならなくても20年以内にはなくなるかもしれない。そんな仕事のためにわざわざ資格を取って、挑戦していくというのは、キャリアコンサルタントとしては、制止したくなります。

それではどんな仕事がなくなる可能性が高いのか。

大まかに言えば、こんな仕事でしょうか。

1．事務

2．外国語翻訳

3．計算・会計

4．記憶に頼る仕事

などです。

計算、記憶などは、コンピューターと戦ってもスピードも正確さもとても勝てそうにない分野です。そのコンピューターを使いこなす側の人はわずかに残っていくでしょうが、あまりおすすめできません。

2・それでも残る仕事とは？

これは仕事が奪われるという悲劇なのでしょうか？

いいえ、逆に歓迎できる事象ととらえることもできます。つまり仕事がなくなるというのではなく、機械にできる仕事を人間はしなくて済むということです。

例えば、昭和初期には、たらいに冷たい水を入れてゴシゴシと手洗いで洗濯をしていたのが、洗濯機という機械が発明されて、はるかに短時間で、人の手を煩わせずに毎日衣類をきれいに洗えるようになりました。誰も手洗いに戻りたくはないはずです。お皿も手で洗わずに食器洗い機が洗ってくれるようになりつつあり、お掃除ロボットもかなり広まってきました。家庭内の機械化は大歓迎なのに、レジの自動化には釈然としないというのもおかしな話です。

空いた時間で何をするのか。そう考えるとワクワクしてきませんか？　面倒な仕事は機械がやってくれる。私たちは自分がワクワクする仕事をしていけるのです。

ではどんな仕事が人間には残っていくのか。

それは人にしかできないこと。機械、ロボット、コンピューターにはできない分野です。

それはズバリ、

1．人と人の心が通う会話

2．AIに指令する仕事

3．多くのことを統合する力

4．コンピューターの使い方を教える、サポートする仕事

の分野でしょう。

ロボットと会話をするのも楽しいものですが、あまり高度なものになってくると怖くなります。人間にしかできない分野。それをあなたにしかできない仕事にしていく。自分の得意なことと掛け合わせていくといいのではないでしょうか？

では具体的な仕事に落とし込んでみましょう。

(1)今から「事務職」を絶対おすすめできない理由

とにかく女子は事務が好きです。なぜなのでしょう。この理由は3つくらい考えられます。

1. 伝統的に事務は女性の仕事と思われてきた固定観念があるから
2. 人のサポートをするのをいとわず、好きだから
3. 体力に自信がないから内勤がいい

事務をやってきたことを悪いとは言いません。それでどんなスキルが身に付きましたか? もちろん働いてきたことは無駄ではありません。ですがスキルと言われると頭をひねる人が多いと思います。

そうです。事務は営業事務でも医療事務でも、転職は難しいし、求人も少なく、給与も安い。

この際、給料は安くてもいいから、という考えは捨ててください。その考えが、男性との賃金格差を生んでいるわけです。昇進もほぼありませんので、賃金が上がることはありません。せいぜい法定最低賃金が上がるだけです。都会で1人暮らしをするのはままなりません。親か誰かと一緒に住んでいるうちは生活できますが、自立は難しいでしょう。結

婚しても、出産して、離婚でもしたら、一気に貧困に陥ります。それなのに事務の正社員の仕事は奪い合いです。

現在すでに多くの事務は派遣社員や外部委託になっています。正社員の雇用には社会保険など、会社側には給与以外の負担があります。できるだけコストとして支出を抑えたい人件費。事務の仕事は正社員ではなく、外部への委託になっているのです。やがてＡＩがすべてやってしまいます。ではその外部委託を受ける会社はどうか。それもＡＩに取って代わられるのですから、これからの就職先としては、視野に入れないほうがいいかと思います。

では事務の仕事とは何なのか。中身を詳しく考えると、〈経理〉〈庶務〉〈秘書〉業務が挙げられると思います。

〈経理〉といっても簡単な経費の清算の業務です。少人数の出納管理、その課ごとの現金のとりまとめです。

〈庶務〉というのはその名の通り雑用係。事務用品を用意したり、電球が切れたら取り替えたり。事務所の保守点検の仕事です。

〈秘書〉業務としては、スケジュール管理や接遇と、お世話係のような仕事です。

極端なことを言えば、これらすべて、省ける業務ばかりではないでしょうか？　ＯＡ化でかなり楽になってきて、本格的なＡＩ化でまったく姿を消しそうです。

以前私は、「医療事務」という資格は有望と伝えていた時期もありました。医療機関の経理は、保険の点数計算などがややこしくて、専門知識が必要だったからです。ところが、これがＡＩ化により、かなり自動でできるようになっています。医療事務といっても、受付業務などのところは残っていくかもしれませんが、それもロボットでかまわないでしょう。

反論を覚悟して言いますが、とにかく、事務というのは未来のない仕事の筆頭です。早く事務から脱するように。そこだけは肝に銘じてください。できるだけ専門業務に就いてほしいものです。

では具体的にどんな仕事に就けば将来にわたって食べていけるのでしょうか？

(2) 女子こそ向いている営業

ＡＩも心を有することができる日が来るかもしれませんが、それは10年、20年ではまだ実現しないと思われます。相手の気持ちを汲むというのは人にしかできない分野です。

営業というと、女性が一番嫌う分野の仕事ですが、なぜなのでしょうか？　それはおそらく、

外回り

ノルマがある

というきつい仕事のように思えるからでしょう。

ドブ板営業という言葉をご存じですか？　ドブ板営業とは、ある地域の会社を端から一軒一軒すべてピンポンしてあいさつし、商品を売り込んで回っていくというようなアポなし営業のことです。これを新入社員の度胸試しや訓練のようにやる場合もありました。前時代的で新入社員が辞めてしまうので、そんな非効率なことはやめてほしいものです。

それがコロナ禍になり、営業のスタイルはかなり変わったと言えます。非接触が求められ、オンライン営業が増えました。そうなるとアポなしということはないし、対面の様々なリスクも減り、女性の営業にとってのネックになっていた外回りが少なくなりました。営業もある程度オンラインで内勤化しています。

私は営業というのは、本来は女性に向いている仕事ではないかと思っています。なぜなら女性は話し好きで聴き上手な人が多いですし、親切で、いわゆる「おせっかい」が好き

な人が多い気がしますので。

実は営業で身を立てていった女性は多く、その草分けとも言える女性をここでご紹介します。その名も「おせっかい協会」会長です。


ＰＲ会社の創業者高橋恵さんは、ゼロから出発して営業で自分の会社を大きくしていかれました。営業は徹底的に相手のことを考える、ちょっとした「おせっかい」ということを信条とされています。

その逸話の一つに、ある会社を訪問したところ、けんもほろろに追い返されそうになったとき、たまたまその社長が指先をナイフで切られたところが目に入ったそうです。高橋さんは慌てて、薬局に行き、消毒薬や止血剤、包帯などをあっという間に買って届けたところ、気に入られて、広告を発注してもらえるようになったとお聞きしました。

仕事がほしくて気に入られようと思ってした行動ではなかったそうですが、相手を思いやる行動で相手の心をつかむことができたということです。

そのけがをした社長さんが高橋さんの会社に広告を発注したのは、包帯のお礼というよりも、そんな思いやりのある人ならば、こちらの要望をしっかり聞き取ってくれるだろう。そんな心の温かな人の会社ならば、わが社に合った心の通った広告を提案してくれるに違いない、とも思われたのではないでしょうか。

ＡＩにはそんなこまやかで臨機応変な対応はできそうにもないですね。

また、Instagramなどの SNS のインフルエンサーとして、身の回りの商品などの「映える」写真を撮って宣伝しているのは主に女性です。おいしいものやかわいいお店を見つけたら、ついつい人におすすめしたくなってしまう。小さなおせっかいですね。営業も似ているところがあります。営業は相手に合った良い商品をおすすめするのが基本です。あなたの要望にはこれが合う！　この商品がおすすめです。営業というのは小さなおせっかいの集積と言えるかもしれません。

商品の性能が良くなり、価格も似たり寄ったりとなれば、「誰から買うか」ということが購買の決定要因になります。つまり、信頼できる人から買えば、嘘のない良品を仕入れられる。その後のメンテナンスも親切にしてもらえそうだし、新しい情報をまた持ってきてくれそうだと思える。そんな「人」の部分を大切にできるのが営業という仕事なのです。

多くの女性が営業を嫌がる2つ目の理由のノルマ。これも競争の嫌いな人が営業を敬遠する理由の一つです。

あるネット事業の大手企業は営業担当の成績が毎日朝と夕方に集計されて、それを全員が見られるそうです。少し前なら、壁に営業成績のグラフが貼り出してある会社もありました。今では、それらは社内イントラにグラフとなって掲載され、出先でもどこでも見られるようになっているのです。その会社の営業担当者はそれを見てモチベーションにしています。営業はノルマというか予算が明確でないと、達成率がわからず、意欲につながらないのです。

ノルマと聞くと1ミリも良いイメージはわいてきません。ですが、ノルマとは要は予算のことです。目標額の読みがないと企業活動は成り立ちません。その期の売上予測は一人ひとりの予算の集積です。

その予算も一人ひとりに設定される会社もあれば、グループで設定されている会社もあります。個人のモチベーションは下がりそうな気もしますが、チームのみんなで頑張るというほうが力が出る場合もあります。個人プレーでは自分の技を人に伝えるのがもったいないというような発想になる場合もあり、売り方のノウハウの共有が進みません。チームで頑張るほうが日本人には合っているように思われます。

どうですか？　チームで予算を達成していく営業であれば、怖くはないと思いませんか？

いわば、営業というのは主体的、自主的な活動です。事務のように人から与えられたものをコツコツとこなしていく受動的な活動とは違います。

学生時代には座って先生の話を聴いていれば良かった。ですが、それはこちらからお金を払って習っていたのです。知識、学びというサービスを買っていました。働くというのはサービスを売るほうの活動です。あなたが動くことで会社から報酬をもらいます。座っているだけでお金をもらえる仕事なんてあり得ません。

（3）ますます必要とされる心理カウンセリング

心を病んでしまう人が増加傾向にあるのが現代社会です。今後も増え続けていくことでしょう。小さい頃の不登校に始まって、いろいろな時期に引きこもりを経験していく。支える家族も大変です。その後、社会に出ても心を病む人は少なくありません。原因はパワハラ、セクハラ、妊娠にまつわるマタハラの場合もあります。ハラスメントは撲滅したいものです。

では、なぜこのように心を病んでしまう人が増えてきたのか。それは現代人は脳が疲れているからという説があります。心の病気と言いましたが、それはすなわち脳の問題です。

1980年代からのコンピューターの進化、いわゆるOA（オフィスオートメーション）化で仕事の効率は上がってきました。昔なら1日かけて作った資料が、パソコンを使えば1時間でできる。こう考えると短時間で済んでいいようですが、1時間でできてしまうと、その分もっと他の仕事を担当し、仕上げるようになる。そうなると、OA化により、作業が早くなる分、脳は以前の7倍も、8倍も仕事をするようになっています。何倍もの仕事ができる分、何倍も脳を使い、疲労させてしまうというのです。

カウンセリングによって少しでも緩和するため、学校にスクールカウンセラーが配置されているように、企業にも産業医を配置することが進められています。

カウンセリングに関しては、精神科医や臨床心理士だけでなく、公認心理師という国家資格ができました。また、民間資格の心理カウンセラーでも対応できます。

高度なコミュニケーションであるカウンセリング。これはAIには代替できない仕事と言えるでしょう。

なぜなら悩んだとき、心が病んだときに、ＡＩに相談したくなるかどうかという問題です。一部をコンピューターに打ち込んで解析してもらうなど、ＡＩを利用することはあるかもしれません。ですが、相談をすべてＡＩに任せるというのは考え難い。ＡＩにアドバイスされたら余計に落ち込みそうです。心理カウンセリングは機械には渡したくない領域です。それはやはり繊細で複雑怪奇な人の心を扱うからです（心と言いながら脳なのですが）。

ＡＩを活用して分析しても、アドバイスをするのはカウンセラーの仕事です。今後はカウンセラーも、ＡＩを活用できないと成り立たない職業になりそうです。

(4)「やりたいことがわからない」人はＩＴ・通信・ＷＥＢ業界

つまりこれからは、ＡＩを使いこなす立場になっていくことが大切ということですね。そうなれば、生き残っていきやすいということです。ならば、やはり、これからの仕事はＩＴのリテラシーが必要で、ＩＴ方面に寄っていっておいたほうがいいと思われます。

私は大学の講師をしており、長年大学生の就活のお世話をしていますが、学生たちはよく「やりたいことがわからない」と言ってきます。その場合、私は「とりあえず、ＩＴ業界を調べよう」と伝えます。業界内のどこかに潜り込んでおけば、その会社が合わなくても、他のIT企業に転職してつないでいけるからです。とくに何かの技術が身に付いていなかったとしても、知識や用語はわかるようになります。30代の人も、今からでも遅くはありませんよ。

IT業界には様々な仕事があります。よく、川の流れに例えて、上流~下流という表現をします。指示を出すところが上流で、それをプログラミングなど、実行に移していく下流にと次々につないでいきます。中でもできるだけ上流の仕事に就いておくといいでしょう。下流の仕事はそれこそ、DXで自動化されていきます。AIを使用する側、プロデューサーになっていくということですね。

IT業界の会社がつねに探しているのが優秀なプロジェクトマネジャーです。何千万円とかかる一つのDX導入のプロジェクトを任せられる責任者のことです。これにはITの知識だけでなく、人をまとめる力が必要です。まさしくAIを使いこなし、AIと人を融合していく仕事です。皆さんもそこを目指されるといいでしょう。

また、コロナ禍で進んだのがメタバースなどのVRです。初期のVRというと、立体メガネのようなものを着けてゲームをするイメージでしたが、それが実業の世界にも取り込まれています。コンピューターの世界は2次元かと思いきや、今や3次元になってきました。

メタバースはテレワークの多い会社では、頼りになるシステムです。テレワークの難点は同じ会社の社員同士のつながりが希薄になっていくこと、社員の孤独感でした。そこを少し埋めてくれるのが会社のメタバース化。パソコン上にあたかも会社があるような感覚を生み出せます。1階は総務部、2階は営業1課と2課。それぞれのフロアが画面上に構築され、会議室も設置されています。社員は自分の好きなアイコンで表示されています。チャットだけでなく、直接Aさんに質問して話がしたければ、メタバース上でAさんを探して、近づいていけば、マイクに切り替わって話ができます。営業ミーティングが10時からとアナウンスがあれば、該当者が指定されたB会議室に集まってきて、そこでリアルなカメラに切り替わり、会議ができます。それぞれ家から参加していても、少しでも一緒にいる感覚が味わえて、同僚を近くに感じられます。このVRとメタバースなどをXRと総称したりするようです。

私もメタバース上で講演したことがあります。コロナ禍になり、オンラインでの講演にも慣れてきましたが、パソコンに向かってひたすら一人でしゃべり続けるという単なるオンライン講演に比べて、メタバース上のほうが参加者の方々をより近くに感じられました。まだ一人ひとりは2次元のアイコンでしたが、これが3次元アイコンになっていくと、さらにリアル感が増していくことでしょう。

講演だけでなく、会社の研修などにもメタバースは活用されています。販売の研修などでも、たくさんの材料をそろえなくても写真を撮っておくだけで、メタバース上に売り場が再現できて、コストや時間、場所が少なくて済み、参加者の交通費もかからず、効率的です。

メタバース、VRなどのXRの広がり、可能性を考えると、ワクワクしてきますね。

(5) 金融業界にいた人におすすめファイナンシャルプランナー

従来の銀行、証券、保険などの金融業界は、女性の職場として優良なところでした。仕事の中身が、事務と経理の集積のような業界だからです。ですが何度も言うように、OA化の段階でとにかく事務はいらなくなり、経理も半分で良くなりました。コンピューターが処理するようになったのです。

2000年代に入り、銀行のリストラが進みました。それまで2000人が必要だった業務がたったの20人、100分の1で済むという新聞記事を見たときに愕然とした覚えがあります。銀行は統廃合が進み、支店が次々に閉鎖されてATMが置かれていきました。

OA化だけでも人員が100分の1になったところに、AI化ではそれがどうなるのか。銀行では現金さえ扱わなくなってきています。お札を数える仕事も機械どころか、根本的になくなっていくのです。もはやお金は数字になりつつあります。

スウェーデンの銀行

キャッシュレス先進国のスウェーデンでは、買い物のほぼ100%をクレジットカードかスマホなどで決済します。私がスウェーデンに旅行した2019年、現地のお金に両替することはありませんでした。王宮の観覧入場券から雑貨屋の飴1個まで、何もかもがクレジットカードで買えました。首都ストックホルムでは、市場や土産物を売る屋台にさえ、コードレスのカード決済端末が置かれていました。スウェーデンの銀行員は何をしているのかと聞くと、キャッシュレス決済のためのスマホの使い方を年配者に教えているということでした。

日本でも、金融業界がなくなることはないでしょう。あり方が変わっていくということです。

一方で今、ファイナンシャルプランナーの需要は高まっています。お金との付き合い方が、人生100年時代になったがゆえに変わっているからです。とはいえ、まったく金融業界の経験のない方が新たに金融業界に参入することはおすすめできません。これまで金融業界で働いていた人が転向するのに良いと思うのが、個人へのアドバイスを行うファイナンシャルプランナーの仕事です。

2022年4月から高校で金融教育が行われるようになりました。成人年齢の引き下げにより、様々な契約事項、例えば、クレジットカードを作る、部屋を借りるなどが18歳でできるようになり、高校生に契約についての法律知識を教えることが必要になってきたからです。

また一方で、シニア層の間では「老後資金2000万円問題」が発端となって、大騒ぎが起こりました。そこでNISAやiDeCoといった個人向けの投信、年金が推奨されるようになったのですが、急に言われてもどうしていいかわからず困惑する国民。こうして10代にも50代以上にも、その間の教育資金、住宅資金の必要な世代にもマネープランを指南する、ファイナンシャルプランナーが必要になってきたのです。

個人個人の状況をヒアリングして、最適な投資ややりくりをアドバイスするファイナンシャルプランナーは、すべてＡＩに置き換わるとは思えず、今後も有望な仕事と考えられます。

（6）ＡＩ時代に強いマネジメント職

たとえスーパーのレジの仕事がなくなっても、店舗は完全に無人にはなりませんよね。機械の不具合やお客様の操作の相談に乗る人が、必ず必要です。

また、経理担当の人数が半分になり、4分の1になっていったとしても、そのとりまとめ、統括をするマネジャー職は残ります。

いわゆるマネジメント職です。ＡＩと人をマネジメントしていく仕事は残りそうです。

では、マネジメントとはどんな仕事かというと、「管理する」、と思われがちですが、マネジメントの父と言われるドラッカー氏はマネジメントを、

「人が共同して成果を挙げることを可能とし、
強みを発揮させ、

弱みを無意味なものにすることである」

と定義しています。

またそのマネジメントをする人の役割は、

「自らの組織に特有の使命を果たす

仕事を生産的なものにし、仕事を通じて働く人たちを生かす

自らが社会に与える影響を処理するとともに、

社会の問題について貢献する」

こととしています。

ドラッカーは1909年生まれで2005年に亡くなっています。ですのでAIにまで定義は及んでいませんが、おそらく今生きていたなら、

「AIと人が共同して成果を挙げること」

と言ったかもしれませんね。

AIと人とのマネジメントを学んでいくことは、AI時代に生き残る一つの手段かもしれません。

それには人のマネジメン力とAIの知識の両方が必要になっていきます。

人のマネジメントというと、チームワーク、リーダーシップ、モチベーションアップなどですね。人間関係については女子の得意分野です。敬遠せずに、学んでいって損はないと思われます。

（7）転職分野として有望な医療・製薬

少子高齢化の傾向にますます拍車がかかっています。子ども市場は小さくなり、高齢者の市場は今後も需要が増えることは自明の理です。

高齢化と言えば、介護の仕事にまず目が行きます。もちろん有望な仕事です。介護の仕事のノウハウを身に付けることは、自分の家族の介護にも役立つという副産物もあります。

それだけでなく、高齢者はいきなり介護が必要になるのではなく、その前の段階の健康、医療の分野も注目されています。転職する分野として医療、製薬は有望です。

ただし、製薬メーカーの営業職のような存在である「ＭＲ職」は認定制度もあり、かつては有望な仕事と思われていましたが、現在は減らされる傾向にあります。ＭＲ職とは薬品の情報を医師に提供する仕事です。直接販売はできず、医師への接待行為は禁じられています。今では医師を直接訪問せず、薬品の情報サイトを案内する仕事になっています。

それについて現場の開業医からは「MRが来なくなったせいで、新薬の知識は減ってしまった」と嘆く声もあります。いくらホームページを見ればわかるといっても、質問できないし、例えば、この新薬と以前からの薬品との相性はどうなのか、というような疑問は現場では解決できなくなってしまうというのです。人間不在での不便は多くの現場に起きているのかもしれません。

製薬メーカーで現在盛んなのは、サプリメントの販売です。健康需要から、歩行を支えるものや記憶力を向上させるものなど、様々なサプリが開発され、通販されています。

また、ドラッグストアでの登録販売士は引き続き有望な資格です。薬剤師の国家資格がなくても、この資格があれば、市中の薬品の9割を販売できると言われています。ただしここにも通販の波が来ており、ドラッグストアは取り扱い品目を増やす方向で売り上げを維持しています。

(8) 人手不足にあえぐ通販・物流・倉庫

サプリの通販だけでなく、コロナ禍での非接触、外出を避けるところから、通販いわゆるEコマースが盛んになってきました。このEC市場と呼ばれる商取引の市場規模は「令和3年度電子商取引に関する市場調査報告書」によれば、2021年の日本の消費者向け商取引の市場規模は20兆6950億円（前年比7・35%増）。規模は3175億円。伸び率は14・8%と言われます。

国内の三大企業はAmazonジャパン、楽天、Yahoo!ショッピングです。あちこちに専用倉庫が建設され、パートで働く人が増えました。

例えばAmazonジャパンの倉庫では、15分刻みで就業でき、ある女性は「フィットネスと思い働いている」と言っていました。できればパートでなく正社員になっていってほしいものです。

倉庫だけでなくそこから消費者の手に届ける配送に関する業務も、人手不足です。小口の荷物の配送では女性ドライバーをよく見かけます。こちらもできれば正社員として応募してみてほしいところです。

通販と言えば、梱包材の需要は高まっていると考えられます。ただし、条件付きで。これは四国のある段ボールの専門メーカーさんから聞いたのですが、「段ボールの需要は増えているけれど、地域密着の傾向が強い。なぜなら梱包材はかさが張って輸送のコスト面で採算が取れないため」だそうです。地産地消の商品と言えるようで、全国的に景気が良い業界ではないということでした。

(9) 高齢化時代に伸びる食に関する仕事

女性は食に関する仕事を身近に感じる人が多く、就業率も高くなります。不況のときでも食品関係の仕事は落ち込みが少なく安定していると言われています。人は食べることが基本です。ただし、国内人口は減っていくので、食品業界全体の売り上げの増加はあまり見込めません。

そんな中、これから有望な分野として、配食・給食サービスなどが考えられます。高齢者のお宅に食事を宅配するサービス、高齢者施設の給食など、介護施設が増えれば、給食サービスはそれに伴って必要になっていきます。そういった事業者に就職していく道があると思います。

(10) 人類全体の課題に関心があるなら、新エネルギー

化石燃料から自然エネルギーへの転換が進められようとしています。SDGsの観点からも多くの企業が参入しようとしています。地域性もある仕事ですが、探してみるのはい

いと思います。世界のＧ７サミットでも必ずテーマとなってくるエネルギー問題。人類全体の課題と言える、エネルギー問題の分野に足を踏み入れておけば、世界は広がるかもしれませんね。

次に、具体的な資格について説明していきます。

おすすめの資格を少し挙げてみたいと思います。

３・異業種への転職は資格がものを言う

新しい分野に挑戦するとき、資格取得を検討することは有益です。とくに女性にとっては、学歴よりも資格がものを言うことが多くなります。

それは、

１．非正規雇用、とくに人材派遣で働く場合が多い

２．営業以外の業務が多い

といった理由からです。

1についてはわかると思いますが、2の営業以外というところで、男性は外勤の営業職をいとわない人が多い中、女性は内勤の事務職への偏りが大きくなっているからです。営業にも資格はありますが、資格の多くはパソコン、経理関係など内勤の職に多く存在します。また、女性からの事務職の人気が高いと、需要よりも供給過多となります。そこでの競争においては学歴よりも資格がものを言います。

もちろん、資格を取れば何でもいいというものではありません。資格だけでなく、その経験・実績が問われることもあります。ですが、資格を取ることは転職する際、とりわけ仕事の分野を替えるときなどはとくに効果があります。資格取得の勉強をする途上で自分に向いているかどうか、を測ることもできるからです。

「どんな資格を取ったら稼げますか?」とよく聞かれます。ご本人の希望が第一ですが、時代に合った資格という視点でいくつか候補を挙げることはできます。その中から、自分に合ったものを選ぶといいと思います。

なぜなら、適職ベン図で考えたように、自分に合っているということが仕事選びでは一番大切だからです。誰にも得手不得手というものがあり、もしこれからはファイナンシャルプランナーが有望と思っても、計算が苦手という人には向きませんよね。元々銀行にお勤めだった方などが取得する場合の多い資格です。

資格を取ることには、次の4つの意味があると考えられます。

(1) 新規分野に挑戦できる
(2) 学びが深まる
(3) スキルが証明される
(4) ネットワークができる

というものです。

(1) 新規分野に挑戦できる

転職は「経験者求む」が基本です。ところが、まったく新しい分野に鞍替えしていく必要がある場合もあります。そういったときに力になるのが、資格です。何もないでは挑戦できないけれど、せめて資格があれば、その業界のドアを叩けるというものです。資格だけでなく経験も必要という場合もありますが、経験を積むためにもまずは資格です。

（2）学びが深まる

純粋に知識を習得し、深めていくために学ぶことが第一です。資格取得のためのテキストはとてもよく考えられていて、効率的に学べるように工夫されています。仕事に活かせるかどうかは別としても、知識欲を満たしてくれます。

（3）スキルが証明される

知識・スキルがあるということを第三者が認定してくれるのが資格・検定です。「パソコンができます。英語ができます」と言ってもどのくらいなのか、測りようがありません。それを標準化できるのが資格です。英検何級、パソコン検定何級など。それを履歴書にも書くことができ、転職の際アピールできます。

（4）ネットワークができる

資格の勉強というと、通信教育で黙々と一人で勉強する孤独なものと思いがちですが、座学・スクーリングがあるコースの場合は学ぶ仲間ができます。協力して勉強を進めることができ、問題を出し合ったり、合格に向けて助け合うこともあります。また、仲間だけでなく、資格の学校側から求人が出され、仕事を紹介してもらえるという可能性もあります。

この章の最後に、就職に有利に働くと考えられる有望な資格を表にまとめました。気になるものがあれば、詳しく調べてみてください。

図22　未来に有望な資格40選

分野	資格
企業経営系	公認会計士
	社会保険労務士
	中小企業診断士
	ファイナンシャルプランナー
	証券アナリスト
法律系	弁護士
	司法書士
	行政書士
	弁理士
建築系	建築士
	宅建士
	不動産鑑定士
	マンション管理士
	電気工事士
	電気主任技術者
	危険物取扱士
	技術士
	消防設備士
	インテリアコーディネーター
IT系	ITパスポート
	P検
	基本・応用情報技術者
	マイクロオフィス スペシャリスト

分野	資格
ビジネス系	知的財産管理技能検定
	統計検定
	ビジネス実務法務検定
	キャリアコンサルタント
	メンタルヘルス・マネジメント検定
	公認心理師
医療・介護系	ケアマネジャー（介護支援専門員）
	登録販売士
	介護福祉士
	社会福祉士
食品系	調理師
	食品衛生責任者
	管理栄養士
モビリティ系	自動車運転免許
	フォークリフト免許
	小型船舶操縦士
	ドローン操縦士

Column

壁を乗り越える方法⑤

非正規の壁

非正規雇用の問題は男女の賃金格差に大きくかかわっています。正規社員とは正社員を指し、それ以外が非正規社員というくくりです。嫌な言葉ですね。別の呼び名を考えたいところですが、例えば「従来型社員」「新規格型社員」などはどうでしょう？　とはいえ、定着するには時間がかかりそうなので、ここでは「非正規社員」を「特定社員」と呼ぼうと思います。

「特定社員」（非正規社員）とは、契約社員、派遣社員、パート・アルバイト社員のことを指します。この雇用形態になっているのは女性に多く、これが女性の生涯賃金の低さを引き起こす根源の一つと言えます。

そして、一度特定社員になると、何が問題かというと、そこからなかなか抜け出せず、正社員としての就職が難しくなる点です。特定社員の期間が短ければ、また再就職できるのですが、ややもするとその特定社員の期間が長くなりがちです。例えば、ある地方の大型スーパーで働くKさんは、もう20年もそのスーパーでパート社員として働いてきたというのです。正社員3年目のフロア長と同じか少ないくらいの賃金で働いているそうです。

理由を聞いたところ、

「正社員になると他の店舗への異動・転勤が考えられるので、今のままで良いと思っています。家族がいて、子どもの世話があるので、通勤に時間のかかる遠くでは働きたくない。ここはパートでも社会保険に入れて、健康保険もあるので、ボーナスはないけれど、近くで働けるメリットを優先して我慢して働いています」

というのです。

地方の場合、仕事先も多いわけではないので、Kさんの気持ちもわからなくはないのですが、それは夫の収入があってのことでしょう。もちろん他人の私がとやかく言うことではない、とんだおせっかいですが、スキルもマネジメント力もあるKさんのような女性がその働きに見合わない安い給与で働いて、いわば「搾取されている」、そんな日本の労働条件に対して疑問を感じずにはいられません。

Kさんも今は子育て期間なのでこのままでいいのかもしれませんが、お子さんが大きくなって、高校、その上の高等教育に進むとなると、ますますお金がかかってきます。また、もしも夫様に何かあった場合、どうするか、です。縁起でもないのですが、夫の体調の不安がないわけではありません。心身ともに健康な状態が続くとは限らないし、その会社が倒産するなんてことも起こるやもしれません。

転勤問題に起因する賃金格差については正社員の中にも存在します。

大学生の就活を支援していると、「転勤したくない」と頑固に言う女子学生が多いことに辟易《へきえき》とします。まだ結婚しているわけでもないのに、東京にしがみつく。親元を離れたくない。友だちと離れたくない。いつまで親がかりで暮らすつもりでしょうか。幼馴染の友だちとどこまでつながっていたいのでしょうか。新たな友だちはできないのでしょうか？　なぜ新しい環境でチャレンジしてみようと思わないのか？　私には不思議でなりません。長い一生をずっと一つの都市に住み続けることのメリットもあるにはあるでしょうが。これが若者に顕著と言われる保守化、内向き志向でしょうか。

そこで編み出されたのが「限定総合職」または「地域総合職」です。転勤しない総合職。もしくはあるエリア内のみで異動する総合職です。つまり仕事の仕方は総合職と同じだが、転勤がない。これはかなりの発明で、多くの会社が取り入れました。とくに女子学生には大人気で、総合職と一般職の中間に位置するような存在となりました。女子学生のニーズが生んだ、時代の流れに合わせたものなので、批判するつもりはないのですが、そこに生まれるのが賃金格差です。

多くの会社では限定総合職は総合職の給与の8掛けになっています。つまり総合職の年収が400万円だとしたら、限定総合職は320万円だということです。この給与設定は、はなはだ疑問ではないでしょうか？　逆に考えれば、いつ転勤してもいいからという心構えのためだけに差額の2割、つまり80万円が支払われているということになりませんか？

もしも、総合職にもかかわらず、10年間転勤のない人がいたとしたら、限定総合職の人とは単純に考えても10年間では80万円×10年＝800万円の格差がついていますよ。納得いきますか？　我慢してニコニコ働けますか？

就職するときは、これらの先々の格差についてはあまり気にかかりません。むしろすぐに遠くに飛ばされるというリスクを回避できるほうが大きいと思われるのでしょう。ですが3年も経つと、この格差について疑問がわいてきます。同じ正社員でもそうなのに、特定社員となるともっと大きな格差が生まれてきます。

ではなぜ特定社員で働くのか。契約社員、派遣社員、パート・アルバイトの3つに分けて一つひとつ、比較してみましょう。

契約社員で働くメリット

1. 直接雇用である
2. お試し期間で正社員になれる可能性もある
3. ボーナスなども一部支給される
4. 社会保険に加入できる

契約社員のデメリット

1. 期間が決まっている
2. 育児休業が取りづらい
3. 昇進・昇給がない
4. 研修がない

契約社員から正社員になっていける人もいるので、そのメリットは、きちんと活かして正社員になってほしいものです。

派遣で働くメリット

1．やりたい事務の仕事がある

2．すぐに次の仕事を見つけてもらえる

3．残業が少ない(ゼロとは言えない)

派遣のデメリット

1．3年という期限がある

2．労働条件などについて直接交渉できない

3．実績が積み上げられない。認められない

4．派遣さんと呼ばれ、社員扱いされずチームからの疎外感がある

などです。

パート・アルバイトのメリット

1．気軽に好きな時間に働ける
2．軽作業が多い
3．経験等が問われない誰でもできる作業

パート・アルバイトのデメリット

1．時給制が多い
2．有給休暇がない
3．社会保険に加入できない
4．スキルや実績が積めない
5．研修がない

こんなにデメリットの多いパート・アルバイトをなぜするのか。それは隙間時間の活用であったり、ワンポイントの仕事だからだと思います。決して半年以上にならないように気を付けてほしいものです。

アルバイトとパートの違いは形態としてはとくになく、学生ならばアルバイト、主婦ならばパートと呼びがちだという慣習の違いに過ぎません。

そのアルバイトを中心に働く人をフリーターと呼びます。

フリーターというのは、その後の再就職がかなり難しくなります。スキルが身に付いたとみなされないし、研修もしっかり受けたことがなく、ビジネスマナーにも難点があると思われます。

それでも主婦の方の中には先ほどのスーパーでパート社員として働くKさんのような場合もありますが、一般的に、パート・アルバイトは、多くのケースで社会保険の加入はなく、さらに厳しい状況になります。1年単位で見れば正社員や契約社員とそう変わらなくても、3年以上経つとかなり状況には格差が広がります。

賃金で言えば、アルバイトと契約社員では、年収で50万円程度の違いが出て、3年間だと200万円近くの違いになります。10年以上で考えたら、どれだけの違いになるか！　車をキャッシュで買い換えられ、毎年海外旅行ができそうですね。

お子さんが小さいうちは、それでいいかもしれませんが、これからますます教育費がかさむようになると、短時間のアルバイトでは済まないということです。

では、そこからどのように正社員になっていくか。

たとえアルバイトであっても派遣であっても、実績は実績です。それをどうアピールしていくか、評価されるかですね。職務経歴書の書き方が勝負になってきます。

まずはアルバイトを選ぶ際にも、あまり手近なところだけで選ばずに、一つ筋が通った選び方をすること。業界は同じとか、今後の役に立ちそうな仕事を、「正社員になるためのステップ」または「起業するための準備」と思って選びましょう。最後に参考になる実例を挙げておきましょう。

先輩の例

Yさん（30代）は税理士の資格を取りたくて、まずは税理士事務所で働いてみました。アルバイトの募集しかなかったので、仕方なくアルバイトとして入り、時給は医院の受付のほうが高かったのですが、そこは心を鬼にして、今の時給は安くても、次につながるアルバイトを選びました。税理士の受験の際にはいろいろとアドバイスももらえたし、試験前に休みを取ることも嫌な顔をされずに済みました。一番良いのは実務経験ができることで、税理士用語や基礎を仕事の中で覚えることができました。今では合格でき、独立の準備を進めて

います。今のアルバイト先の税理士の先生とも連携していくことになっている
そうです。

第6章

書類でのアピール法

1・履歴書の選び方・書き方

それでは具体的に応募書類の書き方を見ていきましょう。

おそらく、誰でも一度は履歴書を書いたことがあると思います。アルバイトの応募でも履歴書は求められますから。履歴書を書くにあたって、意外に見落とされるのが、どんなフォーマットの履歴書を使うかです。

新卒の就職活動では、所属している大学や短期大学・専門学校・または高校などの名前入りの履歴書を使用するのが決まりでした。転職の場合は、転職サイトからダウンロードしてパソコンで入力し、そのまま送信するケースが多くなっています。

もしも自筆で記入した履歴書を持参するよう言われたら、用紙のフォーマットから選ぶことになります。フォーマット選びから求職活動は始まっていると思ってください。まず、あまりおすすめできないのは100円ショップやコンビニエンスストアで売っている履歴書を使うことです。これらはアルバイトに応募するためのものと思ってください。紙が薄くてペラペラな印象ですし、記入欄の項目や欄の大きさが本気の転職者向きのものとは違うからです。

履歴書にいろいろなパターンの用紙があるというのは驚きかもしれません。履歴書にもJIS規格が定められていますが、その範囲内で、少しずつ違う様式で作成されています。

私は以前、とあるサイトで履歴書の監修をしたことがあり、その際、各社の履歴書を比較検討しました。不思議な履歴書もあって、「得意な学科」という欄があるのに「配偶者」の欄があるものもありました。これだと学生向きなのか、転職者向きなのかよくわかりません。誰でも使用できるように、汎用性を持たせているのでしょう。しかしながら、そういうパターンの履歴書を使用していると、企業の人事担当者は応募者の本気度をその程度の軽さかと判断します。

転職の場合は、あまり比較検討する時間がない場合も多いので、学歴よりも職歴欄の長いタイプの履歴書を選ぶと良いと思います。転職は学歴よりも職歴が大事ということが、履歴書のフォーマットを見てもよくわかります。

さらに、意欲を表すために空欄なくビッシリとたくさん書けるように、自分の書きやすいフォーマットのものを探すといいでしょう。

ただし、自作のフォーマットを使うことはあまりおすすめできません。自作するのは職務経歴書だけでいいでしょう。

記入の際の注意点は以下の5点です。

（1）履歴は高校からか、もしくは最終学歴のみ

最終学歴のみ書くフォーマットの場合はそれでいいと思います。もしも学歴欄がもう少し取ってある場合も、高校卒業からでいいでしょう。

これは法律的にも合致しています。「出自によって採用を決めてはならない」という職業安定法があり、比較的、家の近所の公立学校に通う人の多い現状では、小中学校の情報は、その法律に触れる可能性があるため、不必要な情報です。ですから学歴は高校からでいいとされています。もしも海外に住んでいた経験などをアピールしたい場合は、小中の学歴を書いてもかまいません。

（2）1年未満の職歴、アルバイト経験は省いてもいい

職歴が長い場合、書き切れないということになりかねません。詐称してはいけませんが、

詳しくは職務経歴書に書くとして、1年未満の職歴については省いてもかまいません。もしもアピールできそうな内容であれば、もちろん短い経歴でも書いたほうがいいでしょう。

同様にアルバイトについても必ずしも書く必要はありません。採用に有利になりそうな実績ならば書きましょう。例えば人事の仕事をしたいと希望している場合は、前職がアルバイトでも採用のサポート業務であれば、書いたほうがいいということです。

(3) 資格は吟味する

資格の欄が空白というのは良くありません。どの欄もビッシリ埋めてある履歴書には、意欲を感じます。とはいえ、関係ない資格がたくさん書いてあって、大事な資格が埋もれては困ります。趣味系の資格は一つくらいにして、次の仕事に関係する資格を書きましょう。

資格はおおよそ、2級以上のものから、というのがセオリーです。英検3級は中学生でも取れるレベルですね。せめて、2級以上から書きましょう。TOEICならば650点以上です。

各資格によって、専門性の基準が少しずつ違いますので、そこは吟味しましょう。

(4) 自己PRは結論ファーストで

すべてのビジネス文書は結論ファーストが良しとされます。ビジネス文書では起承転結は好まれません。まず結論、次に説明です。

自己PRというと新卒の就職活動では性格的なことがメインでしたが、転職の場合は特技について書く場合が多くなります。

＜自己ＰＲ　例＞

私は積極的に業務を改善して効率よく働くことができます。

前職では20人の部署で総務を担当していました。交通費清算の無料ソフトを導入し、業務を10％削減できました。記入が楽になり、職員の皆さまにも喜ばれました。この成果で昇進することができました。

(5) 志望動機は貢献したいことを

志望動機の結論は**「貴社でどんな業務をしたいか」**、に尽きます。その会社を知ったきっかけではありません。なぜなら、きっかけは「ハローワークで紹介された」とか「転職サイトでたまたま見つけた」というように、あまり積極的なものにはなりませんよね。志望動機も結論ファーストで書くとすると、それはすなわち、どんな業務に就きたいか、ということに他なりません。

また自分本位にならないように注意しましょう。どんな業務でその会社に貢献するか、という視点をとにかく大切に。これは本当のことなのですが、次のように書いた主婦の人がいます。

志望動機　NG例

子どもが少し大きくなって手が離れたため、自宅の近所である御社で働ければと思い、志望します。

確かにその通りなのかもしれませんが、相手がどう思うのか、を少し考えましょう。彼女をAさんとして、同じ能力のBさんがいたとして、Bさんが熱意にあふれる書き方をしていたとしたら、Bさんを採用しますよね。なんならBさんが少し能力的には劣っていたとしても、なんとなく応募してきたAさんよりも、会社のことをよく調べて応募してきた

Bさんのほうが頑張って働いてくれそうに思え、採用に至るかもしれません。能力よりも意欲が勝る、仕事とはそういうものではないでしょうか？

ではその意欲をどう表すのか。

丁寧な文字でビッシリと記入することで伝わります。本当に採用されたかったら、雑な書き方は絶対に良くありません。時間をかけて丁寧に自分の長所をすべて書き切って、全体にビッシリと隙間なくアピールする履歴書にしたいものです。

それに加えて、**応募する会社のことをよく調べる**こと。今はホームページのない会社などありません。しっかりとホームページを隅から隅まで読む。経営陣のＳＮＳまでチェックする。そうやって調べていくことは、自分に合っている会社かどうかを見極めるためにも必要です。

╲志望動機　例

私は貴社で総務の管理職として貢献したいと希望しています。

これまで10年あまり総務担当を経験しており、業務に精通しているだけでなく、効率よく業務遂行できると考えます。ＤＸが進む昨今、つねに効率化を図りながら

ＩＴに対応し、管理業務のスリム化に貢献します。

(6) その他　希望欄

ここは詳細な事情を書くところではありません。例えば、勤務地が近いほうがいいとか、家庭の事情などを書かないこと。細かなことは書類が通って、面接で会ってから話しましょう。**「貴社の規定に従います」**が無難かと思います。

年	月	学　歴・職　歴（各別にまとめて書く）

年	月	免　許・資　格
○○	○	普通自動車第一種免許 取得
○○	○	VBA Expert VBA Basic 合格
○○	○	Microsoft Office Specialist Excel 2019 Expert 合格
○○	○	Microsoft Office Specialist Access 2019 Expert 合格
○○	○	Microsoft Office Specialist Word 2019 Expert 合格
		WEBクリエイター　勉強中

志望の動機、特技、好きな学科、アピールポイントなど
私の強みは適応力と集中力です。親の転勤が多かったことから新しい環境にも柔軟に適応する力が培われました。従って、新しい職場への順応性は高いと確信しています。また、社会人となっても常に前向きに学び続けています。○○大学リカレント教育課程でマーケティングや企業法務等を学び、ITスキルも高い集中力を活かして積極的に身に付けて参りました。○○において信頼と確かな実績のある貴社において、身に付けたスキルを活かし、常に明るく前向きな姿勢をもって貢献したいと考えています。

本人希望記入欄（特に給料・職種・勤務時間・勤務地・その他についての希望などがあれば記入）
貴社の規定に従います。

履　歴　書

2023 年 ○月　○日現在

写真をはる位置

写真をはる必要がある場合
1. 縦
　横
2.本人単身胸から上
3.裏面のりづけ

ふりがな　はなまる　はなこ 氏　名 花丸　花子	
19○○　年　9　月　7 日生　（満　4 1　歳）	※性別　女
ふりがな　とうきょうと○○く○○ 現住所　〒○○○－○○○○ 東京都○○区○○1－1－1	電話 03－0000－0000
ふりがな 連絡先　〒　（現住所以外に連絡を希望する場合のみ記入）	電話 090－0000－0000

年	月	学　歴・職　歴（各別にまとめて書く）
		学歴
○○	3	東京都立○○○高等学校　卒業
○○	4	○○大学　文学部　文化学科　入学
○○	3	○○大学　文学部　文化学科　卒業
		職歴
○○	○	株式会社○○音楽学院　アルバイト入社
		事務業務を担当
○○	○	株式会社○○音楽院　契約満了により退社
○○	○	○○出版株式会社　アルバイト入社
○○	○	健康雑誌編集部にて編集補佐を担当
○○	○	社員に登用
○○	○	○○出版株式会社　会社都合により退職
		以上

※「性別」欄：記載は任意です。未記載とすることも可能です。

2・職務経歴書の書き方

転職の際は職務経歴書の提出もセットで求められます。職務経歴書とは元々、経歴の長い転職者が詳細を書き切れない場合のために考案されたものですが、今では自己PRができる大切な書類となっています。職歴が長い人も短い人も、自由にPRできる文書として活用してください。

何と言っても履歴書と違い、どんな項目を設定しても自由なところがポイントです。とくに決まりはありません。

決まりがあるとすると、

パソコン

横書き

A4、2枚以内

で作成することくらいでしょうか。

そう言われるとかえって迷うという人もいると思うので、代表的な書き方を提示しておきます。

職務経歴書は、主には履歴書と同様、経歴の部分と自己PRの部分に分かれます。

（1）経歴の書き方3種類〈年代順、逆年代順、項目別〉

年代順とは履歴書の書き方と同じで、時系列順に書くということです。履歴書よりも詳しく書くといいでしょう。

逆年代順とは時系列を遡って、直近のことから書きます。経歴の長い人は昔の話よりも最近の話のほうが興味がわきますので、こちらのほうがアピールしやすいかもしれません。

項目別は最近よく見かけるパターンです。

年代順では履歴書と同じになるし、逆年代順はわかりづらいと思う人がいて、両方の良いところ取りをした書き方とも言えます。

主に3つの業務をやってきたとしたら、それぞれに項目を分けて書きます。

例えば、総務、パソコン講師、営業事務と3つの業務なら、項目に分けて、それぞれの経歴を年代順にまとめて書いていきます。もしかすると人事担当にはこれが一番見やすいかもしれません。

（2）自己ＰＲ欄を有効に

まだ資格は取得できていないけれど、勉強中のものがあれば、書くことができます。またリスキリングなどについても、学歴には入らなくても詳しく書くことができ、アピールできます。

この欄には性格的なことを書いてもいいでしょう。人となりの話が広がりそうな趣味の話もいいと思います。

ここで一つ提案なのですが、女子は少し活動的な趣味を書いておくのもいいと思います。というのは、働くには健康な心と体が基本になるからです。無理に嘘を書くことはないのですが、何か体力維持のためにしていることがあれば、ウォーキングでも一駅分歩くでもいいので、書いてあると人事担当者の安心材料になります。

つまりせっかく仕事は有能で、スキルや人柄が良くても、心身の健康がついてこなくては、勤務の継続に不安が出るからです。採用するからには、人事側としてはすぐには辞めないでほしいと考えます。健康に気を付けている人というのは、その点で安心材料があるということです。

■自己PR

【適応力と集中力】

違う環境への適応力があると考えます。子どものころから親の転勤が多く、そのたびに友だちを作るのがうまくなりました。大学は関西に進み今はまた関東に帰ってきて働くことにも抵抗感はありません。新しい職場への順応性は抜群だと思います。現在、○○大学のリカレント講座で学んでおり、そこでは集中力を発揮して勉学に励んでいます。レポート提出やテストなど集中力で乗り切ってきました。PCスキルはもとより、マーケティング、企業法務、貿易実務などを学んでいます。これらの力を活かして、貴社に貢献したいと考えます。

PCスキル

Word	各種文書作成、あて名ラベル作成、差し込み印刷等
Excel	IF関数、VLOOKUP関数、ピボットテーブル、マクロ作成
PowerPoint	プレゼン資料、会議資料作成等
Access	データベース入力修正、リレーションシップ設定、クエリ作成
Illustrator/Photoshop	既存データ修正・編集等
WEBクリエイター	学習中

以上

職務経歴書

花丸花子
東京都〇〇区〇〇1-1-1
自宅電話03-0000-0000
携帯電話090-0000-0000

■要約
大学卒業後、事務職を中心に3年間勤務。真面目な取り組みが認められ、アルバイトから社員登用されました。その後は〇〇大学リカレント教育課程においてITスキルの向上を図り、実務科目（マーケティング・企業法務・貿易実務等）を習得しました。特にIT関連では、オンライン学習プラットフォームを活用しVBA、RPAの学習に取り組みました。MOSに合格し、WEBクリエイターについて学習し受験準備中です。

■職務経歴

社名・部署・事業概要	在籍期間・退職理由	雇用形態	職務内容	実績
株式会社〇〇音楽学院	〇〇年〇月～〇〇年〇月（退職理由・契約満了）	アルバイト	月謝管理、給与計算、収支報告書作成、問い合わせ対応（電話・メール）、各種データ入力作業、施設設備管理、演奏会の企画運営（200人の会場）	・ダブルチェックを励行し振り込み確認0を達成。 ・演奏会満足度アンケート100%を達成 ・業務引き継ぎマニュアル作成
〇〇出版株式会社　健康雑誌編集部	〇〇年〇月～〇〇年〇月（退職理由・会社都合）	アルバイト→社員	編集補佐、応募書類仕訳、データ入力、確認	入力ミス1%以下を達成し正確なデータ管理に貢献

Column

壁を乗り越える方法⑥

シングルマザーの壁

若い皆さんに「シングルマザーになったときのことも考えてしっかり働こう」と言っても、ピンと来ないかもしれません。結婚する時点であっても、夢を持って幸せな家庭を築こうとしている人に、「もしも」なんて話をするのは縁起でもありませんから。

先輩の例

Rさん（30代）は、アメリカ人の男性と国際結婚しました。

彼は大変優しいけれども、結婚に対する考え方は日本人とはかなり違うということをつねに感じます。別々の個人として一緒に暮らして、子どもを育てている。でもいつアメリカに帰ると言うかもしれない。そのとき、自分はどうするのか。いつも考えています。その日が来たとき、ベストな決断ができるように、私は絶対に仕事を辞めません。いつでも一人で子どもを育てながら生きていけるように考えて、経済力を失わないようにしています。

すごいなーと思ったのですが、離婚率が約3割という現代の日本においては、国際結婚でなくてもこの考え方は必要なのかもしれないと思います。結婚したからといって相手に合わせて働き方を変えるのではなく、出産したから仕事を辞めなくてはならないのでもなく、いつでも一人で生きていける人生を計画してもらえたらと思うのです。

男女の賃金格差は一朝一夕に、今日明日に解消されるものではありません。制度がどうであれ、Rさんのように、一人で生きていく心構えを持っていることは現代の生き方として、自分を守るために大事ではないでしょうか。

でも、もしシングルマザーになったらどうするか。

良い仕事さえあれば問題ありません。収入がいくら必要か、というよりも「子どもを預けて働くことができるかどうか」、そこが問題です。お子さんが小さいうちは、保育園の補助もあります。公共の福祉に頼りましょう。遠慮する必要はありません。

第7章

面接での
アピール法

1・面接での心得5ヵ条

書類が通ったらいよいよ面接です。書類を持参してその場で面接という場合もありますが、多くの場合は先に書類審査があります。

ということは、面接に行って話ができるというのはとてもうれしいことですね。若い人なら問題ないのですが、書類の段階で年齢を理由に落とされるということはよくあります。「委細面談」という言葉があるように、細かなことは面接して話します。すなわち、面接は試験であると同時に、こちらが会社を見極める機会でもあります。どんな場所で働くのか、どんな人が働いているのか、多くの情報を入手できますね。

面接は、楽しく会話するつもりで行きましょう。ただし、あまりしゃべりすぎないことがコツです。「よく話を聞いてくる」くらいの気持ちが、心づもりとしては良いと思います。一番嫌がられるのは話が長い人です。あれこれ話したくなるのはわかりますが、少し抑えめで。

面接をクリアするためのポイントは以下の5点です。

(1) 相手の心のドアを開く

「第一印象は、見た目が大事」ということは、言わずもがなです。もう少し具体的に解説すると、面接では初めの30秒が大事と思ってください。

では、30秒で何ができるか。最初にトントンとドアをノックして部屋に入る。または先に部屋に通されて待っている。人事担当者が入ってきたら、立ち上がって挨拶する。

そのファーストコンタクトは、まずは視覚からの情報が優位です。服装、身だしなみはその会社に合ったものにします。今時はスーツでなくてもいいかもしれません。黒いスーツだと若く見えていいと思えばそうします。ベージュやグレーなどの中間色は柔らかな印象になります。自分が自信を持って行けるものにしましょう。

何より大事なのは表情です。笑顔で挨拶することは何をおいてもアピール力が大です。「面接で笑っていいんですか?」と聞かれたことがありますが、笑うのではなく、笑顔です。

笑顔は相手を承認する表情。面接に臨む前向きな気持ちの表れです。誰しも笑顔の人と話したいと思うのは当然です。

ドアは開いたけれど、まだ相手の心のドアは開いていません。笑顔で挨拶をして、相手の心のドアを開きましょう。そこで第一印象が良ければ、相手の心のドアが開く。良くなければ閉まったままです。ドアが閉まったままの心にいくら語りかけても、言葉は入っていきませんよね。

第一印象は相手の心のドアを開くためのもの。そう思って準備してください。

(2) 短い言葉で話す

話し始めてから注意することは、短い言葉で話すということです。ダラダラと話すことなく、「です」「ます」と切っていきましょう。書き言葉よりも話し言葉は、意識して短くします。接続詞でつなげないで、「です」「ます」と切って話せば、論理的に聞こえますし、論旨がよじれることもありません。また質問されたことと微妙にずれた答えなども防げます。何を聞かれたのかわからなくなる、ということもなくなります。

(3) 1分以内で話す

短く切って、1分程度で話す練習をしましょう。1分以内というのはゆっくり話すと200字くらいです。履歴書に書いたことを声に出して、時間を計って1分で話してみましょう。その際、句点の後で少し間を取るようにすると、落ち着いて聞こえます。

質問に答える際も「はい、そうです」だけでなく、その後に理由も話すようにしましょう。短すぎても話がふくらみませんが、その際もあまり長くならないように。

(4) 大きい声はお得

大きめの声で話しましょう。小さい声だと、聞き取りにくいだけでなく、自信なさげで消極的な印象になります。大きな声で話すだけで、積極的で行動的な印象になるので不思議です。

大きな声は誰でも出せると思います。一つアドバイスするならば、声は息とともに出ます。つまり大きく吐くと大きな声になりますので、大きく深呼吸してたくさん息を溜めてから声を出すといいでしょう。面接の前にドアの外で、一度大きく深呼吸しましょう。

(5)「以上です」は魔法の言葉

途中で話がうまくまとまらなくなってきても、焦らず「以上です」と結ぶと、意外とまとまりがつきます。相手が「話が長いな」と嫌な表情を浮かべた感じになってきたときも、話が途中であっても「以上です」と切りましょう。

「以上です」は、苦しいときの魔法の結びの言葉です。覚えておくと、使える場面が必ずあります。

さあ、これで書類の準備をし、面接に行く心構えもできてきたでしょうか?

応募書類は一度ハローワークやキャリアコンサルタントなど第三者に見てもらって、自分の良さが満載できているか確認しましょう。

面接も練習が必要です。緊張しないコツ、それは充分な準備です。話す自分を見てもらい、動画で撮ってみるのも良い方法です。どんなに中身が良くても、チームに入っていく好感度がないと受け入れてもらえません。質問に素直に答えながらも、的を外さずに話せるか練習してみてください。

おわりに

読み終えてくださり、ありがとうございます。いかがでしょうか？　少し頭の中の霧が晴れてきましたか？　改めて、仕事探しをしてみてもいいかなと思ってもらえたでしょうか？

この本を読んだだけで急に良い仕事に出会えるとは思いませんが、今までとは違ったアプローチができるようになったならばうれしいです。

仕事を楽しんでほしい。それが私の願いです。

仕事は楽しくするものだということを、周りの大人たちは皆さんにあまり伝えてこなかったかもしれません。働くことはつらいことと、とらえていませんでしたか？　もちろん、仕事だから責任をもって取り組むことは必要です。でも同時に楽しんでもいいのです。もしかしたら、今のあなたはまだ働くことに向き合える状態ではないのかもしれない。人生、いろいろな時がありますね。弱音を吐いてもいい。人に助けを求めてもいい。でも、それが苦手な人もいるでしょう。焦らず、少しゆっくり考えてみましょう。歩みを停めてもいいのです。

私は働くことを楽しんできました。働くことで多くの人と出会い、話をすることができる。「ありがとう」と言ってもらえ、やりがいが得られ、そこには自己成長もある。働くことは、自分のためにもなり、人の役にも立ち、そして報酬もいただける。なんてお得なんでしょうか。まるで一石三鳥なのです。

働けるということは、健康で一日を過ごせるということ。朝、目が覚め、起き上がることができるということですから。

私は一度大病をして、手術、入院、投薬しながら働くという、約2年間を過ごした経験があります。ちょっとした坂道も息が切れて上れなくなりました。私の会社のある渋谷の宮益坂は大した坂でもないのに、何度も休まなくては上っていけなかった。そんな私を助けてくれたのは、家族であり、会社のスタッフのみんなです！

ありがとう！

働く仲間がいることの幸せ。仲間に支えられる幸せを噛みしめ噛みしめ、坂道を上りました。元気になったら、また私がみんなを支えていこう。生きていくのは支え合いなんだな、ということを身をもって経験しました。

だからこそ私は、働ける幸せを人一倍、感じるのでしょう。今の私はそうですが、実は以前から働くのは好きでした。一人での作業よりも、多くの人と関わって活動することに向いているのかもしれません。

人には向き不向きがあります。自分は仕事に向いていないのかもしれない、と思うこともあるかもしれませんね。

でも諦めないで！　あなたに向いている、楽しく働ける仕事はきっとあるはずです。働くことは人生の中で意外と大きな時間を占めます。もちろん働くために生きているのではなく、生きるために働くのですが。

その多くの時間をいやいや過ごすのではなく、少しでも自分に合った充実した時間にしてほしい。オフよりもオンが楽しい人生を送ってほしい。楽しく働ける仕事を探すこと。つらいことがあったとしても、わずかでもそこに光明を見出せる仕事を探しましょう。

その手助けになればと思い、キャリアコンサルタントを続けて30年。22冊目となるこの本を書きました。

この本はあえて女性、しかも女子と呼べるような若い皆さんにターゲットを絞りました。

女性が働くことを支援をすることは、そもそも私の起業した根本であり、30年関わってきたテーマだからです。

もっと良い働く環境を次の世代の皆さんに渡したかった。いえいえ諦めてはいません。

男女ともに楽しく働ける社会を目指して、一緒に活動していきましょう。

私の願いは世の中から仕事の悩みをゼロにすること。できると思っています。

あなたの生きやすい人生のために。

お読みくださり、ありがとうございました。

紫陽花の雨の誕生月に
お気に入りのカップで紅茶を飲みながら
日本初キャリアコンサルタント30周年の今年

株式会社ハナマルキャリア総合研究所

代表　上田晶美

著者略歴

上田晶美 うえだ・あけみ

株式会社ハナマルキャリア総合研究所代表取締役。

1983年、早稲田大学教育学部卒業。同年流通企業に入社し、広報、人事教育などを経験。1993年、日本初のキャリアコンサルタントとして創業。大学生の就職、社会人の転職、主婦の再就職の支援に携わる。これまでに約2万人の相談を受けてきた。

現在は100人の講師が登録する会社を経営しながら、「仕事の悩みをゼロにする」ことを目標に活動中。テレビ、ラジオにも出演多数。女性のキャリア支援を中心に年間約100講演。都内2校の女子大学で講師を務める。

私生活では、二男一女の母。

https://hanamaru-souken.com

女子が一生食べていける
仕事選び

2023年8月4日　第1刷発行

著　者　上田晶美
装幀者　渡邊民人（TYPEFACE）
本文デザイン　谷関笑子（TYPEFACE）
発行者　碇　高明
発行所　株式会社 草思社
〒160-0022　東京都新宿区新宿1-10-1
電話　営業 03(4580)7676　編集 03(4580)7680

本文組版　有限会社マーリンクレイン
印刷所　中央精版印刷株式会社
製本所　中央精版印刷株式会社

ISBN978-4-7942-2664-8 Printed in Japan　検印省略